GET STRONG

FOR **WOMEN**

DK
女子健身训练

举起重物 努力训练 查验结果

〔美〕亚历克斯·希尔芙-费根 著
王雪强 张 鑫 主译
孙 扬 杨潇俊 副主译
范恺怡 郭慧敏
蒋津剑 陈雨舟 译
宋 歌

河南科学技术出版社
·郑州·

目录

基础知识

训练动作

核心区训练

上半身训练

下半身训练

爆发力训练

训练计划

一级

二级

三级

引言

尽管现在进行力量训练的女性人数比以往任何时候都多，但仍有一种谬见认为举重会让女性变粗壮。对于那些已经进行过力量训练的女性来说，她们中的大多数人只是没有进行正确的训练，或者抗阻强度不够，无法达到训练效果。

然而，我们都能达成共识的是作为女性，我们想要感到有力、强大和自信。所以，我在这里想要打破你听到的谬见，并帮助你在健身房内外获得真正的力量。

这本书是为你而作——帮助你获知正确的举重方法并从中受益。这本书将帮助你选择适合自己的训练方式和训练强度，使你充满信心地去训练。

举重会让你更强壮、更健康、更苗条，但是不仅仅有身体上的好处。力量训练能增强你的信心，减轻你的压力，并帮助你全面地发展意志力。

我是怎么知道的？因为我通过一个明智而系统的培训项目，看到了我自己身体和生活上的变化，以及我的客户的生活发生的变化。作为一名私人教练、认证力量教练和团体健身教练，我曾与不同阶层和年龄的客户一起工作，帮助他们健身、保持健康、变得强壮，无所不能。

根据你的健身水平，这本书提供了61项运动以及3个12周的计划，无论你的目标或你的起点是什么，这本书提供了你需要的所有信息和技巧来让你变得强壮。

因此，让我们一起做这些。
让我们一起变得强壮。

亚历克斯·希尔芙-费根

基础知识

为什么要强壮?

塑造健康体魄的最好方法是进行抗阻练习，通过适当的训练，你能够举起非常重的重量。你在举重房里做的动作会在日常生活中转化为更有力、更自信的动作，让你的身体和头脑都更有力量。

建立自信

当你开始进行力量训练后，你会惊奇地发现你的体型变化得如此之快。即使在第1周，你也会感觉肌肉更紧实、更有弹性了。另外，当你锻炼的时候，你的身体会释放内啡肽，这是大脑中产生的化学物质，可以提振你的情绪，在有压力或疼痛的时候让你放松。锻炼能激发积极的情绪。你由此产生的自信和愉快感并不是肤浅的——它们是你的身体鼓励健康健身的自然方式，会让你拥有更有型的身体和更优雅的动作。

改善运动功能

通过多样的训练计划、逐渐递增的负荷，你能够改善自己日常生活中的运动方式，无论你身在何处，你在举重房里所做的动作模式通常会转化为更稳定、更灵活、更平衡的动作。这种功能性训练方法可以降低受伤的风险，让你自信地应对任何运动挑战。

增加瘦体重

举重和力量训练会增加你身体的瘦体重。不要因为害怕体型变大或变笨重而放弃举重。事实正好相反，虽然肌肉比脂肪重，但它占据的空间更小，而且更匀称。即使你没有看到体重秤上的数字随着你瘦体重的增加而下降，你也会注意到随着你变得更瘦、更有型，你的外表会有很大的不同。你的臀肌会变得更紧，你的腰会变得更细，你的腿会更瘦，你的身姿会更挺拔，你的身体会更有力。

减少体脂肪

力量训练会给你的身体带来很大的压力——以一种好的方式。这种额外的阻力迫使身体努力恢复，从而加快新陈代谢，同时提升肌肉质量。举重可以提高你的静息代谢率(RMR)，这意味着即使是在你离开健身房很久之后也会燃烧更多的热量。

> “控制你的力量意味着控制你的生活。你会对自己的身体、能力和自律更有信心。”

增加力量

变强壮不是一夜之间发生的。这是一个循序渐进的过程，需要对日常的训练保持热情，专注于动作和持之以恒的毅力，每当你举起一次重物，你都在训练你的肌肉，使其变得更强壮，更擅长功能性运动。

增强肌肉力量

你的身体会适应你对它的要求。如果你习惯性地举重，你的身体就会对这个重量做出反应，增加肌肉的力量，产生支持这项运动的力量。这就是力量训练的原理——使你的肌肉超负荷，让它们产生适应，然后再使其超负荷。

一个有效的训练计划是通过多样化的动作，以更大的阻力挑战你的身体，让你的身体不断去适应。这样，你的身体永远不会感到舒适，进步永远不会停止。这本书中的计划将把你的身体从舒适区拉出来，让你看到结果。

增加肌肉含量

在微观层面上，阻力训练会增加你的骨骼肌质量。骨骼肌是附着在骨骼和肌腱上的肌肉，负责所有动作背后的力量。这些肌肉由单独的肌肉纤维组成。肌肉是在对抗外部阻力的情况下工作的，比如举重的时候，这会导致肌肉纤维的微损伤。

锻炼后，身体会修复这些受损的纤维，使它们比以前更结实、更厚。当你继续训练时，你的肌肉在大小和清晰度上都有所增长。逐渐增加你举起的重量可以确保你的肌肉始终保持增长。

功能性运动

增强力量不应该意味着你变得肌肉僵硬或失去灵活性。一个强壮的身体是能够流畅地活动的。由于这个原因，书中的运动是功能性的，这意味着它们以自然的方式挑战你的身体：在多个平面运动和不固定的、复合的运动。

有效的功能性力量训练采用7种基本的运动模式：蹲、弓步、推、拉、铰链式动作、扭转和行走。总之，这些运动模式占据了所有的运动平面，保持你的身体健康和不受伤害。

> “如果想变得强壮，就必须努力训练。增强你的肌肉，监测你的进程。你会看到结果。”

接下来呢?

在开始前你可能有很多问题，这是女性在开始力量训练时最常担心的几个问题。

Q 女性需要进行和男性不同的训练吗?

A 女性和男性的激素水平不同，这影响了肌肉的生长。因为我们体内的睾酮水平较低，所以我们的身体不会形成像男性那样的肌肉。然而，增强男性力量的训练原则对增强女性力量同样有效。

Q 我什么时候能看到结果?

A 每个人对训练的反应都不一样。在身体上，你可能会在最初4周的训练中感到更强壮、更健康。在精神上，一旦你开始一个项目，你会感到更加自信。不要把体重作为衡量进步的唯一标准。当你举重时，你会增加瘦体重，这意味着你的体重可能会上升，但你的脂肪量会下降，你会看起来更瘦、更健康。

Q 有氧运动不是更好地促进我的新陈代谢，让我看起来更瘦吗?

A 有氧运动对促进新陈代谢和减肥很重要，但它并不比重量训练好。为了塑造你想要的体型，并尽可能保持健康，你需要同时进行重量训练和有氧运动。这本书中的计划强调重量训练，以增加肌肉和增强新陈代谢，但也包括计划末尾的有氧运动，它会提高你的心率。最后，有氧运动对整体健康很重要，因为它能优化心血管的表现和提高耐力。

Q 什么导致肌肉酸痛?如果我锻炼后不酸痛怎么办?

A 肌肉酸痛是由运动过程中肌肉纤维产生的微小撕裂造成的(而不是像许多人认为的那样，因为乳酸的积累)。这种损伤会导致酸痛。肿胀伴随着酸痛，所以你的肌肉看起来可能比以前更肿、更大。

如果你在锻炼后不觉得酸痛，那要么是因为你的肌肉没有超负荷运动，要么是因为你已经努力锻炼了很长一段时间，你的肌肉已经适应了压力。如果你刚刚开始锻炼，没有感到酸痛，考虑增加你的阻力。如果你已经锻炼了一段时间，考虑增加重量或减少休息时间。

然而，不要让肌肉酸痛成为良好训练的唯一指标。更重要的是要知道你的极限，一点点超越它们，吃好，然后恢复!

身体所需营养

只有基本营养物质按照均衡的能量配比摄入时，力量训练效益才会最大化。这需要你有意识地进食，首先跟踪你吃了什么，这样你就能看到当前饮食中的营养成分，并根据需要做出调整。记住你的身体需要能量，所以不要大幅减少热量。

基本营养物质

有策略地吃东西的最好方法是了解你饮食中的宏量营养素。这些是食物的热量组成部分：碳水化合物、蛋白质和脂肪。每一种宏量营养素都给你带来独特的好处，了解你饮食的宏量营养素组成有助于控制你的身体的外观和运动。虽然跟踪宏量营养素不会成为一个终生的目标，但在你开始健身旅程时，它是一个有用的工具。当你对饮食中这三个宏量营养素的比例调节一段时间后，你就能找到一个让你保持苗条和帮助你增加肌肉的比例。跟踪饮食最简单的方法是使用健身应用程序，如*MyFitnessPal*或*My Macros+*。

碳水化合物

能量

4卡/克

功能

碳水化合物是你的主要能量来源，在训练中非常重要。最好关注复合的碳水化合物(存在于蔬菜和全谷物中)，它们消化缓慢，人体能有效吸收维生素和矿物质，让你在更长时间内保持饱腹感。简单的碳水化合物(存在于水果、牛奶和糖中)消化迅速，有助于快速释放能量，但也会导致不必要的人体脂肪堆积。

最好的来源

全谷物、绿色蔬菜、含淀粉蔬菜、豆类

注：1卡约等于4.2焦

蛋白质

能量

4卡/克

功能

蛋白质由氨基酸组成，可以促进身体的恢复和肌肉的生长。这一宏量营养素对细胞功能、细胞生长，适当调节你的身体组织和器官是必需的。无论你是否在训练，获得足够的蛋白质都是不容置疑的。对大多数人来说，蛋白质应该是你饮食的重要组成部分。

最好的来源

海鲜、禽畜肉类、乳制品、鸡蛋、大豆

脂肪

能量

9卡/克

功能

脂肪是维持许多身体机能所必需的营养素。它对全身的细胞通信至关重要，也有助于维生素的吸收和促进激素分泌。它是一种致密的宏量营养素，这意味着就算是很小的一块脂肪也能带来大量的能量与饱腹感。不要避开高脂肪的食物，但要寻找那些还有其他好处的高脂肪食物，如含有高蛋白或高浓度的omega-3的食物。

最好的来源

牛油果、三文鱼、坚果、橄榄油、椰子

不同的身体，不同的饮食

虽然每个人的身体都是独一无二的，但大多数人通常可以将自己的体型归入以下三种类型：外胚层体型、中胚层体型和内胚层体型。了解你的体型有助于了解你身体的最佳宏观比例。这些类型不仅与体形有关，而且对主要营养物质的反应和处理不同。

外胚层体型

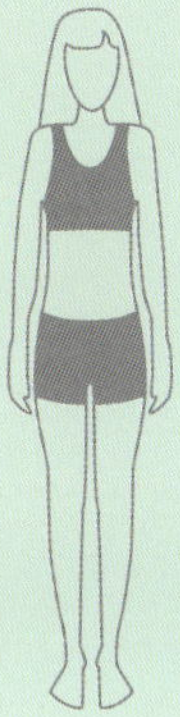

外胚层体型者身体类型

- ▶ 高大的身材
- ▶ 较小的骨骼结构
- ▶ 高代谢
- ▶ 得到和失去脂肪慢
- ▶ 得到和失去肌肉慢

理想的主要能量配比

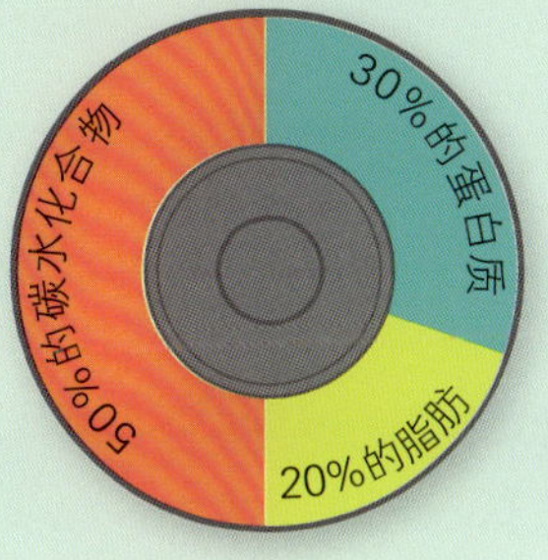

膳食计划

外胚层体型者需要的碳水化合物和脂肪比率更高。每餐应包括：

- ▶ 1巴掌大小的蛋白质
- ▶ 1拳头大小的蔬菜
- ▶ 2把全谷物或豆类
- ▶ 1/2个拇指大小的脂肪

中胚层体型

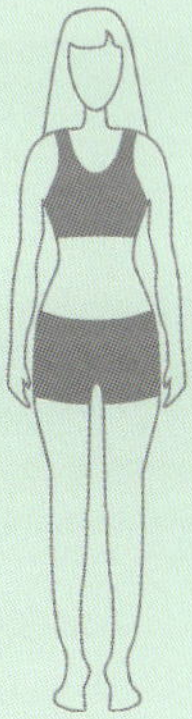

中胚层体型者身体类型

- ▶ 长方形的身体
- ▶ 体格健壮
- ▶ 容易得到和失去脂肪
- ▶ 容易得到和失去肌肉

理想的主要能量配比

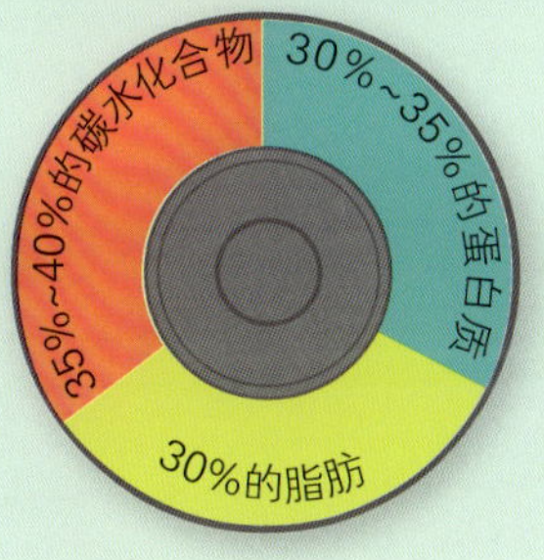

膳食计划

中胚层体型者需要一个平衡的主要能量比例，如果想减肥，碳水化合物含量要低。每餐应包括：

- ▶ 1巴掌大小的蛋白质
- ▶ 1拳头大小的蔬菜
- ▶ 1把全谷物或豆类
- ▶ 1个拇指大小的脂肪

内胚层体型

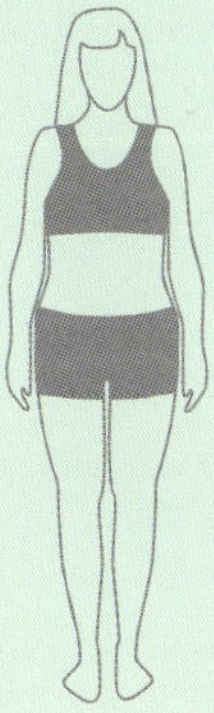

内胚层体型者身体类型

- ▶ 矮壮的或圆形的体格
- ▶ 较宽的骨骼结构
- ▶ 容易得到脂肪和肌肉
- ▶ 失去脂肪慢

理想的主要能量配比

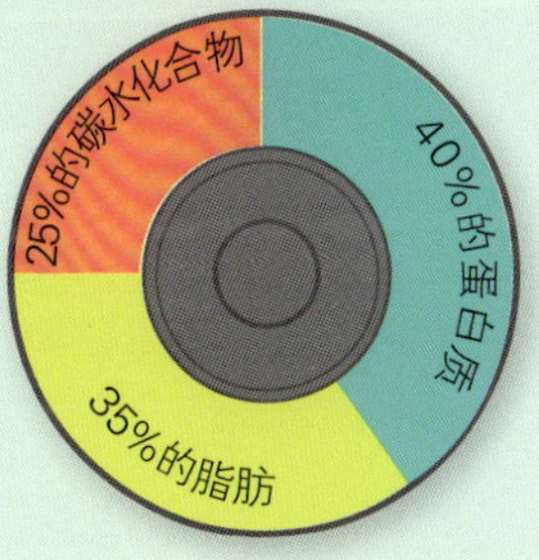

膳食计划

内胚层体型者需要的碳水化合物与脂肪比率较低。每餐应包括：

- ▶ 1巴掌大小的蛋白质
- ▶ 1拳头大小的蔬菜
- ▶ 1/2把全谷物或豆类
- ▶ 2个拇指大小的脂肪

训练时的营养

你的身体需要能量来支持训练，合适的食物来增加瘦体重。饿的时候吃营养丰富、健康的食物能迅速见效，并会让你一整天都感觉良好。膳食补充剂也可以有效地帮助你达到目标。

保持充足的水分摄入

摄入足够的水分是有效训练和健康的关键。你的身体80%是由水组成的，它几乎在所有的身体功能中都扮演着重要的角色。它有助于营养物质的代谢和运输，促进消化，以及清除体内毒素。建议你每天至少喝8杯240毫升(8盎司)的水来保持身体水分。

避免进食的食物

如果你的目标是增强力量和减肥，那么加工食品和糖(包装食品和甜点)不应该出现在你的盘子里。你的身体将这些简单的碳水化合物转化为脂肪并储存在体内，除了能量之外并没有获得任何营养。不摄入或减少摄入酒精是另一种很好的减肥方式——酒精由单糖转化而来，不提供营养。

训练前和训练后

这本书不会告诉你什么时候进食和训练，但你可以遵循下面的指导原则，以确保你的身体有足够的能量。当你饿的时候，要吃饱、保持膳食均衡，可以吃些零食来适应你的健身计划。例如，如果你早上训练，在训练前吃一根香蕉，然后吃一顿完整的早餐来补充训练后的营养。

训练前

为了给你的训练提供动力，在训练前2~3小时吃一顿营养均衡的食物是很重要的。空腹训练会让你的身体燃烧肌肉中的蛋白质来获取能量，而不是肾脏和肝脏中的葡萄糖和糖类(来自碳水化合物)。如果你在训练前需要吃点零食，复合碳水化合物和蛋白质是最好的。你应该避免油腻的食物与暴饮暴食，这会导致消化不良和行动迟缓。

训练前的零食

- 香蕉和坚果黄油
- 苹果和坚果
- 浆果粥
- 坚果黄油米糕

训练后

训练后，你的肌肉渴望能量来修复纤维、增加质量。为了促进你的恢复，在训练后30分钟内吃一顿含蛋白质和复合碳水化合物的大餐。立即摄入脂肪可能会减缓从膳食中吸收营养的速度，但这不会减少它的好处或伤害你。

训练后的膳食

- 全麦包夹火鸡肉和蔬菜
- 烤鸡和红薯
- 煎蛋清和蔬菜
- 蛋白奶昔（蛋白粉加水或杏仁奶）

补充剂怎么样?

天然食品才是你身体所需的营养和维生素的主要来源，补充剂应当作为次要的工具。下面这些补充剂可以平衡你的营养，帮助你达到目标。

▶ **蛋白粉** 对于大多数忙碌的女性来说，获得足够的蛋白质是很困难的。蛋白奶昔是一种确保你获得适当数量的蛋白质来恢复和重塑肌肉的食物。蛋白粉中的蛋白质有许多不同的来源(乳清、酪蛋白、鸡蛋、植物等)，以适应你的饮食偏好。

▶ **支链氨基酸** BCAAs是支链氨基酸的缩写，这类补充剂可以让肌肉生长到一个新的水平。BCAAs是肌肉的组成部分，有助于加快蛋白质的合成，从而促进锻炼后的恢复。它们可以在锻炼中服用，也可以在锻炼后服用，甚至可以一整天服用。BCAAs是含糖运动饮料的极佳替代品。

▶ **鱼油** 富含omega-3的鱼油补充剂可以减少体内炎症。它提供必需的脂肪酸，如EPA（二十碳五烯酸）和DHA（二十二碳六烯酸），它们在认知健康和发展中发挥关键作用。

▶ **复合维生素** 基本的复合维生素提供了许多身体可能从饮食中得不到的必需的维生素和营养物质。

器械

这本书中的练习使用了各种各样的器械来帮助增加肌肉负荷，并产生效果。你可以在健身房找到类似的器械。

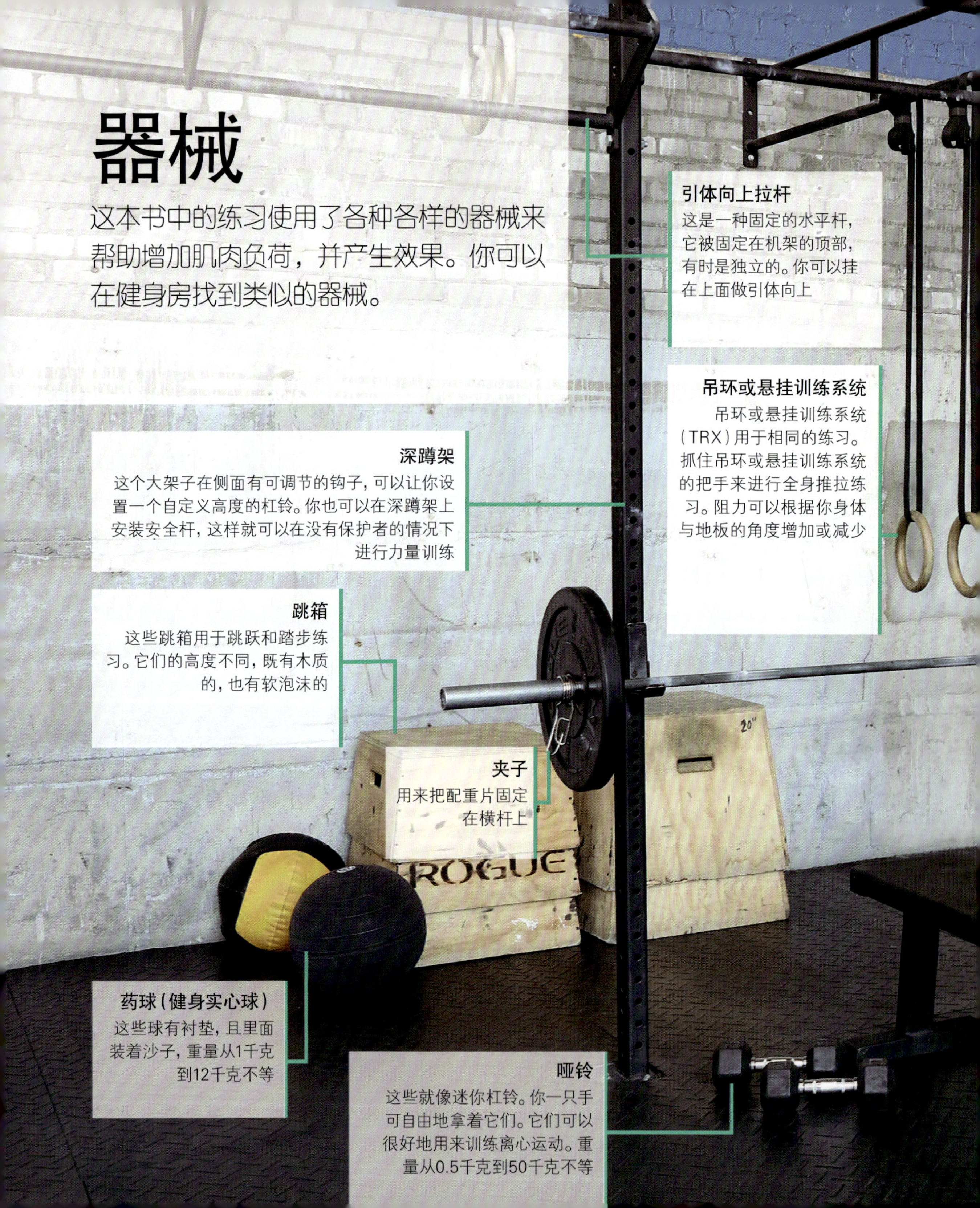

引体向上拉杆

这是一种固定的水平杆，它被固定在机架的顶部，有时是独立的。你可以挂在上面做引体向上

吊环或悬挂训练系统

吊环或悬挂训练系统（TRX）用于相同的练习。抓住吊环或悬挂训练系统的把手来进行全身推拉练习。阻力可以根据你身体与地板的角度增加或减少

深蹲架

这个大架子在侧面有可调节的钩子，可以让你设置一个自定义高度的杠铃。你也可以在深蹲架上安装安全杆，这样就可以在没有保护者的情况下进行力量训练

跳箱

这些跳箱用于跳跃和踏步练习。它们的高度不同，既有木质的，也有软泡沫的

夹子

用来把配重片固定在横杆上

药球（健身实心球）

这些球有衬垫，且里面装着沙子，重量从1千克到12千克不等

哑铃

这些就像迷你杠铃。你一只手可自由地拿着它们。它们可以很好地用来训练离心运动。重量从0.5千克到50千克不等

杠铃

能够支持数百千克，可以将多个配重片加到这些长金属棒的两端，使它变成你想要的重量。在健身房里，你可能会发现女子杠铃，长2米，重15千克，握把比男子杠铃略小；男子杠铃长2.2米，重20千克

配重片

这些是铁做的，连接在杠铃的末端。配重从1.25千克到25千克不等

壶铃

训练时拿着这些特殊的铃形重物的手柄。它们的大小和重量各不相同。与哑铃不同的是，壶铃的质心延伸到你的手之外，这对你的整个身体都是一个挑战，可以同时锻炼不同的肌肉

长凳

一条平坦的、有护垫的长凳，可以用来做各种不同的练习。你可以抬起双脚，躺或坐在上面，或者用它来做上下运动

做好准备工作

在进入举重房之前，你需要选择一个训练计划来保证安全，对自己负责。在这本书中有3个12周的计划，为不同能力的人而设计。完成下面的简单健康评估，可以帮助你选择最适合自己的级别。

评估你的健康状况

在开始你的12周力量训练计划之前，可对完成下列自体重负荷的动作进行计时，来测试你的力量和耐力水平。评估结果会告诉你目前可进行哪个等级的训练。

定时评估

尽可能快地连续进行指定次数的练习。使用秒表记录完成该序列所需的时间。在完成最后5个波比跳（立卧撑）之前，不要停止计时器。

- ▶ 15个俯卧撑
- ▶ 15个深蹲
- ▶ 15个波比跳
- ▶ 10个俯卧撑
- ▶ 10个深蹲
- ▶ 10个波比跳
- ▶ 5个俯卧撑
- ▶ 5个深蹲
- ▶ 5个波比跳

总耗时 ....

俯卧撑

以一个高位平板支撑作为开始动作。髋部、脚跟和肩膀保持在一条直线上。弯曲肘部，使胸部朝地板降低，直到肘部弯曲到90度。然后伸直手臂。此为一次。

深蹲

双脚分开与髋同宽。髋部向后推，直到大腿与地面平行。然后脚跟用力，伸展双腿回到站姿。此为一次。

波比跳

1 双脚分开与髋同宽，蹲下，双手放在脚趾前方的地板上。双脚向后跳至高位平板支撑姿势，然后立即向前跳至蹲姿。

2 迅速从地板上跳起来，把手伸向天花板。此为一次。

确定你的计划

完成p.20的定时评估后，确定与结果匹配的计划。从那个等级开始训练。

总耗时超过6分钟

一级

针对刚到健身房或没有练习的人

- 为进阶的力量训练打下基础
- 注意正确的动作模式
- 先从自重训练开始，或者从低阻力开始锻炼，直到你习惯了动作模式
- 在最后一个阶段开始使用杠铃

总耗时4~6分钟

二级

针对已经具备基本健身能力的人

- 建立在一级的训练基础上
- 用比以前用过的更重的重量挑战自己
- 立即开始使用杠铃

总耗时少于4分钟

三级

针对在健身房里非常自信并且有使用杠铃经验的人

- 提高有氧耐力基础
- 严格按照计划进行，以获得有效的结果
- 在高强度和有趣的训练中坚持自我

遵循计划

一旦你评估了自己的健康状况并确定了方案级别，就可以开始每周的锻炼了。所有方案级别都遵循相同的结构。开始之前，先熟悉方案结构和方案中使用的语言。根据你的评估级别，锻炼从1~4周这一阶段开始。

方案结构

每个计划为期12周，分为3个4周的阶段。

每个阶段都有一个为期7天、重复4周的训练计划。然后进入下一阶段。

1~4周
为方案的其余部分培养基本体能和技能

5~8周
运动次数和强度增加

9~12周
加强代谢调节，确保训练效果，为更艰苦的训练做好准备

健身术语

递减组：一种代谢训练的方式，每次运动的重复次数随着轮数或组数的增加而减少。

循环：连续进行3次或3次以上练习的序列，在重复该序列之前做短暂的休息。

递增组：一种代谢训练的方式，每次运动的重复次数随着轮数或组数的增加而增加。

EMOM：为“每分钟间隔式强化训练”的英文缩写。代谢训练的一种模式，在每分钟开始时进行规定次数或组数的运动，在这一分钟剩下的时间里休息。

结尾动作：一天训练结束时进行的短暂的代谢训练循环。这个是为了使你的身体在突发的有氧运动下完全疲劳而设计的。

HIIT：为“高强度间歇训练”的英文缩写。指短时间的高强度有氧运动和短时间的休息交替进行的训练。代谢训练的一种形式。

核心组：锻炼日的主要力量训练。使用杠铃或其他重物进行训练的功能性复合动作（硬拉、深蹲、划船或推举）。

代谢训练：一种大运动量的训练方法，休息时间很短。它能让你的肌肉能量利用效率更高，使你更健康。

重复次数：连续不休息地做一个练习的次数。

轮：一个循环中的一个动作序列或周期。

组：超级组中的一组练习。

超级组：连续的两个练习的序列，在重复该序列之前进行短暂的休息。

塔巴塔：代谢训练的一种方式，在这种方式下，尽最大努力进行20秒的运动，然后休息10秒。重复8轮，或总共4分钟。

训练计划

训练计划分为3个4周的阶段。在每个阶段的开头都会有一个周计划，其中概述了本周的训练。以下页面包含详细的训练说明。

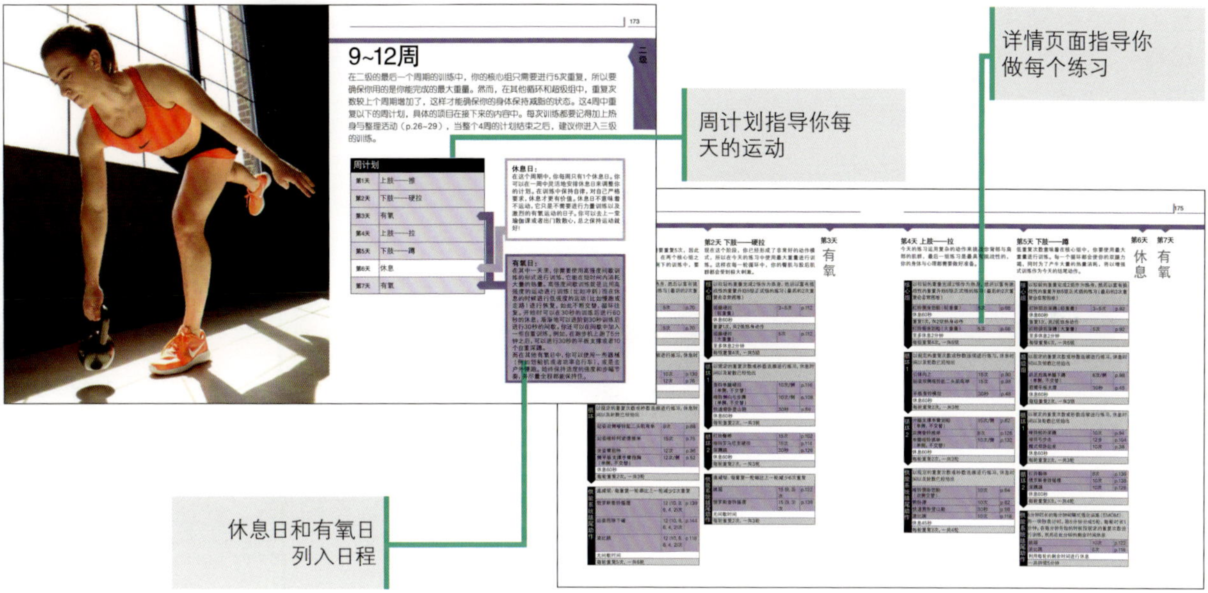

详情页面指导你做每个练习

周计划指导你每天的运动

休息日和有氧日列入日程

训练动作

分步介绍会告诉你在一个计划中如何正确地进行运动。使用本书中的详情页面来查找每项运动。

动作简介明确你需要的器械以及调动的肌肉

运动说明解释益处

注释在做法上提供指导

照片显示了每个步骤的正确做法

线条和箭头突出了关键动作

动作变式显示了更简单或更困难的变化形式

遵循一个训练计划

大多数训练计划包括一个功能性的负重练习（深蹲、硬拉、划船或推举），接着是能让肌肉线条更加清晰的运动和调节代谢的有氧运动。开始前，仔细阅读一天的训练内容，确保你知道如何正确地进行练习。检查你是否能够使用你需要的器械，并准备一个笔记本来记录训练的完成情况。

了解训练计划

通读整个训练计划，确保你了解一天的训练计划是如何组成的和每一部分的具体操作。如果有任何不熟悉的动作，请参阅分步练习指南学习如何正确地进行练习。事先了解，再通过自己的理解完成一个训练动作是最有效的，而不是在训练过程中翻书、查阅资料。

负重的选择

如果你刚开始进行力量训练，那么选择适合自己的重量是比较难的。这是因为每个人都有独特的力量和耐力，即使是两个身高和体形相同的女人，她们各自的肌肉力量也会有很大的不同。要想找到合适的重量需要不断摸索，并且需要注意你身体给出的信号。

在开始一项新的运动之前，先看看每一组的重复动作，大致评估一下负重应该有多少。较低的重复次数（5~10次）通常需要较重的重量，较高的重复次数（12~20次）通常需要较轻的重量。

拿起一个感觉可以控制的重量，开始你的第一组训练，留心观察训练形式和负重是否具有挑战性。你的最后几次重复应该是要充满挑战性的，就好像你觉得自己不能再完成一次重复一样。如果你能用同样的阻力轻松地再做5~10次，那就太轻了。如果你挣扎着完成了最后5次，而你的状态开始下降，或者你根本无法完成这套动作，那就太重了。根据需要调整重量，直到找到合适的为止。

在整个计划中，你可能会注意到某些练习的指定重复次数在减少——这是你使用较重重量的提示。

如果你注意到指定的重复次数在增加，你仍然需要增加一点重量来训练你的肌肉耐力。目标是通过逐渐选择较重的重量来变得更强。

选择负重的建议

▶**从轻负重开始**。如果你刚开始锻炼或者最近没有锻炼，可以使用较轻的重量。

▶ **关注姿势**。你应该能够保持每一个重复动作都有良好的姿势，即使这是最后那几次有挑战性的重复。

▶ **注意最后的重复动作**。要取得进步，每一组的最后几次重复，尤其是最后一组，应该会感到非常困难——几乎就像你不能再做了一样。

▶ **在不费力的时候增加负重**。如果你能在不费力的情况下完成所有的动作和重复次数，那么下次锻炼时要增加重量。

▶ **与自己竞争，而不是与他人竞争**。努力提高自己的力量，不要关心别人举起什么重量。

跟踪你的进度

记录你的运动计划，让你对自己的计划负责，并帮助你直观地看到不断增长的力量。记录下你的训练过程，训练中用到的阻力和关于训练的总体感觉。你也可以通过一周一周的拍照、观察衣服的合身度或测量身体尺寸（腰、臀部等）来衡量你的进步。

二级

5~8周：第5天（1月4日）

核心组

杠铃颈前深蹲	使用重量	重复次数	注意事项
第1组（热身）	30千克	5次	
第2组（热身）	30千克	5次	
第3组（正式组）	35千克	8次	由轻到重；最后一组如果动作失去控制，下一周尝试用32.5千克的
第4组（正式组）	35千克	7次	
第5组（正式组）	35千克	6次	

循环

3轮	使用重量	重复次数	注意事项
壶铃单腿硬拉	一个10千克的壶铃	10次/侧	
哑铃相扑深蹲	一个20千克的哑铃	12次	最后几次重复如果没有挑战性，下一周重量增加到22.5千克
深蹲跳	自重	10次	

热身

训练前进行一次良好的准备活动可以激活你的肌肉，避免损伤，为更好的运动表现做好准备。在你开始每项运动之前，先进行这些动态伸展和有氧运动，唤醒你的中枢神经系统，增加你肌肉的血流和氧气。

动作组合

这一组动作组合有效地为之后的训练激活肌肉。在开始训练前按照指定的重复次数或秒数连续进行这些练习。

热身	手走拉伸	8次
	平板开胯加胸椎旋转（双侧交替）	10次
	侧方开胯（双侧交替）	16次
	反向弓步蹲双臂上举（双侧交替）	16次
	开合跳	30秒

手走拉伸

双脚分开与髋同宽。双腿伸直，髋部弯曲，双手放在脚趾前方的地板上。双手向前走，直到身体呈高位平板支撑姿势，让脚跟离开地面。然后双手向后走，碰到脚趾。此为一次。

平板开胯加胸椎旋转

先做高位平板支撑。把左脚抬到左手外侧。抬起左臂，向左旋转脊柱，左臂尽力向上伸展，打开胸部。暂停片刻，然后回到高位平板支撑姿势。此为一次。另一侧重复。

侧方开胯

双脚分开站好，脚趾朝前。右腿伸直，左腿弯曲，臀部向后推。感觉右髋和右腿伸展。然后回到起始位置。此为一次。另一侧重复。

反向弓步蹲双臂上举

双脚分开与髋同宽。左腿向后迈一大步，双膝弯曲，直到右大腿与地面平行。双臂举过头顶。保持这个姿势片刻，然后回到起始位置。此为一次。另一侧重复上述动作。

开合跳

双脚并拢站立，双手放在身体两侧。在一个动作中，跳起时双脚分开，比肩膀宽，落下时，脚掌着地，同时双臂从身体两侧向头顶摆动。然后立即跳回到起始姿势。此为一次。快速重复。

整理活动

重要的是在训练结束后，使你的身体逐渐恢复到休息状态。每次锻炼后都要做这套整理活动，以降低心率，防止血液在肌肉中积聚。适当的放松拉伸能够促进肌肉开始恢复。

动作组合

这种伸展动作有助于你的身体在训练后恢复正常。完成任何训练后，按指定的重复次数或秒数连续进行练习。

整理活动	四点跪位摇摆	10次
	髋屈肌拉伸	30秒/侧
	坐位体前屈	45秒
	仰卧扭脊式	30秒/侧
	胸部拉伸	45秒

四点跪位摇摆

1 以地面姿势开始，肩膀在手的上方，臀部在膝盖的上方。双手放好，将臀部向后朝着脚跟方向推。保持短时间的伸展。感觉肩膀、臀大肌和腰部得到拉伸。

2 双手放好，身体向前拉，髋部伸直。保持短时间的伸展。感觉股四头肌和髋屈肌得到拉伸。此为一次。

髋屈肌拉伸

以单腿跪姿开始，左腿向前，右膝贴地。双手放在左大腿上，左腿前倾。呼吸平稳，保持伸展。感觉右髋屈肌和股四头肌得到拉伸。另一侧重复。

坐位体前屈

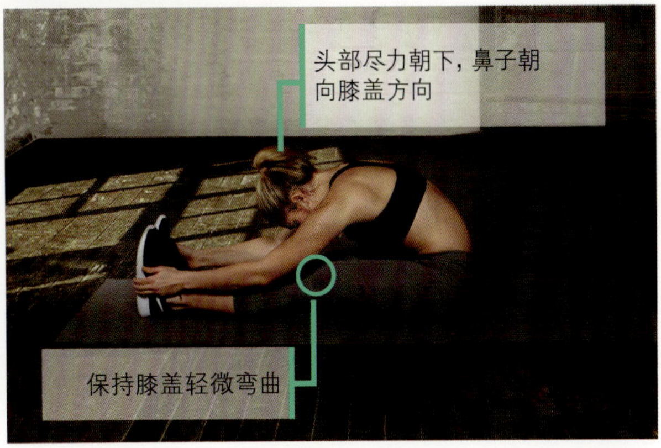

坐在地板上，伸展双腿，脚尖朝上。向前抓住脚或小腿的两侧。呼吸平稳，保持伸展。感觉腿的后侧和脊柱得到拉伸。

仰卧扭脊式

仰卧，双腿在地板上伸展。左臂向一侧伸展，头转向左肩。弯曲左膝，用右手把它拉到身体右侧。保持伸展。感觉腰部和臀大肌得到拉伸。另一侧重复。

胸部拉伸

双脚分开与肩同宽，膝盖稍微弯曲。双手交叉放在背后，手掌朝外。把手臂向后、向上拉。呼吸平稳，保持伸展。感觉胸肌得到拉伸。

20
15
15

训练动作

核心区训练

蹬车式卷腹

这个经典的核心区增强动作通过模仿骑自行车来训练腹肌以及大腿肌群，缓慢地做这个练习，集中精力使用核心区来达到最大的训练效果。

动作简介

器械
无

主要肌群
腹肌

次要肌群
臀肌、股四头肌、腘绳肌

1 躺在地面上，双腿伸直，双手置于头后，肘部伸出指向两侧。

小贴士

为了避免颈部拉伤，保持双肘打开并且不要牵拉头部。

2 抬起肩膀，同时腿部稍微离开地面，伸直右腿，接着左膝和右肩相互靠拢，用核心区进行旋转。

3 旋转至对侧，伸展左腿的同时，将右膝和左肩互相靠拢。此为一次。两侧交替卷腹计数。

哑铃碰脚尖

用这个基于地面的核心区训练来单独锻炼你的腹肌上部。双腿伸直指向空中，通过创造一个大的活动范围来增加卷腹的强度，并强化核心区。

动作简介

器械
哑铃

主要肌群
腹肌

次要肌群
腰部肌群、臀肌、股四头肌、腘绳肌

1 仰卧，双腿向上伸直，脚底朝向天花板，双腿、脚踝并拢，膝盖微屈，双手抓住哑铃的两端并且向上伸直手臂。吸气。

2 呼气，双腿保持不动，用腹肌带动肩部从地面抬起，用哑铃触碰脚尖。然后吸气并回到初始位置。此为一次。按照你的训练计划重复至目标次数。

退阶动作变式

自重双手碰脚尖

进行上述动作，但是不用拿哑铃。保持双臂双手平行。

V字两头起

这一富有挑战性的动作，目标是整个腹肌区域，并加强腰部，以保护脊椎。全身伸展还可以增加身体的灵活性，改善平衡能力。每一次都应尽最大的努力去触碰脚尖。

动作简介

器械
无

主要肌群
腹肌

次要肌群
核心肌群、髋部肌群、股四头肌

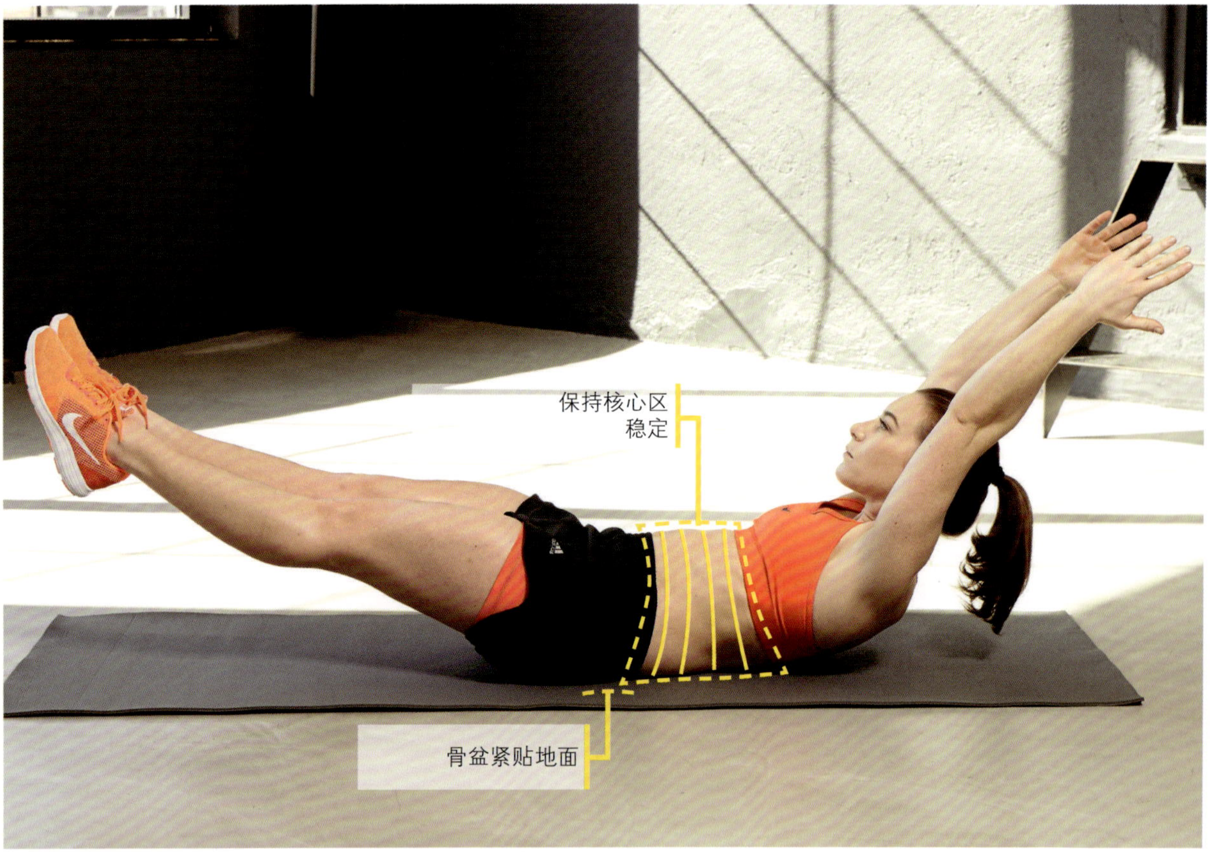

1 仰卧，伸展双腿，把双腿从地面上抬起。双臂伸直举过头顶，肩部完全离开地面，收紧核心区并吸气。

进阶动作变式

负重V字两头起

手拿一个小哑铃或药球，进行上述动作。

2 呼气，用核心区把躯干完全抬离地面，保持双臂和双腿伸直，双手靠近脚尖，然后吸气，并回到初始位置。此为一次。按照你的训练计划重复至目标次数。

蝶式仰卧起坐

传统的仰卧起坐会让髋屈肌紧张，但是这种仰卧起坐会让髋部打开，并且在锻炼过程中始终保持放松。慢慢地做这个动作，用腹肌完成这个动作。

动作简介

器械

无

主要肌群

腹肌

次要肌群

髋部肌群、臀肌、上背部肌群、肩部肌群

1 躺下。双膝弯曲，脚掌相对，脚跟拉向身体；双臂伸直举过头顶贴在地面上。吸气。

2 呼气，用核心肌群带动躯干从地面抬起。双手触摸双脚，然后缓慢、有控制地回到初始位置。此为一次。按照你的训练计划重复至目标次数。

进阶动作变式

哑铃蝶式仰卧起坐

双手拿着一个哑铃进行上述动作。

单臂壶铃仰卧起坐

每次单手做这个负重的仰卧起坐，可以让核心区力量和稳定性增强。这个动作会强健下腹部和腹内斜肌、腹外斜肌，同时也增加肩部肌群的稳定性。

动作简介

器械
壶铃

主要肌群
腹肌

次要肌群
肩部肌群、肱三头肌

注意
如果你腰部疼痛，则弯曲膝盖，让双脚放在地面上。

1 双腿伸直，躺在地面上。右手拿住一个壶铃并且伸直右臂，让负重位于肩部正上方，掌心朝上。保持右臂的姿势。左臂向外侧伸展出去。吸气。

2 保持右臂伸直，呼气，并用核心区带动躯干直立，完全坐直。再慢慢地躺回地面，回到初始位置。此为一次。按照你的训练计划重复至目标次数。

3 将壶铃换到左手，用左手重复以上动作，并按照你的训练计划重复至目标次数。

跪式俯身吊环前伸

这个高级训练动作是强化整个核心区的最佳训练动作之一。使用吊环会锻炼腹肌从而给腰部提供支撑，并防止脊柱过度伸展。

动作简介

器械
吊环

主要肌群
腹肌

次要肌群
肩部肌群、臀肌

注意
到达你感觉舒适的位置。如果腰部有拉伸感就停下来。

小贴士
升高吊环可以降低难度；用平板代替，会让动作更难。

1 跪在吊环的后面，这样吊环就落在上髋部前方。两手各抓一个吊环，掌心朝下，双臂放松。

进阶动作变式

站立位吊环下压

按照前面的步骤进行，但是要保持站姿，踮起脚尖。此动作属于高级动作，使用需谨慎。

2 以一种缓慢的、可控的方式，向前推出双手来伸展身体，双臂与肩同宽并且躯干挺直。推出双臂，直到肱二头肌靠近耳朵。然后返回初始位置。此为一次。按照你的训练计划重复至目标次数。

前臂平板支撑踏步

把下肢动作和平板支撑结合起来，会让腹肌和臀肌“燃烧”。平板支撑的姿势加强了腹横肌，这是核心区的深层肌群，用来稳定脊柱。

动作简介

器械

无

主要肌群

腹肌、臀肌

次要肌群

肩部肌群、大腿肌群

1 从前臂平板支撑的姿势开始，将肘部置于肩部下方。髋部与脚跟、肩膀在一条直线上，收紧核心区与臀肌。将身体的重量分散到脚尖与前臂之间。

2 用核心区和臀肌来抬起右腿，离开地面几厘米，然后将腿还原至初始位置，这样算一次。

3 左腿重复上述动作，此为另一次。交替抬腿，按照你的训练计划重复至目标次数。

退阶动作变式

前臂平板支撑

停在步骤1的姿势，不需要抬腿，维持一段时间。收缩大腿和臀部，记得保持呼吸。

高位平板支撑交替摸肩

通过添加上肢动作，为一个简单的高位平板支撑增加难度。一只手去拍打对侧的肩膀，从而挑战核心区去对抗旋转，同时稳定姿势。

动作简介

器械

无

主要肌群

腹肌、肩部肌群

次要肌群

肱三头肌、胸部肌群、腿部肌群

1 从一个高位平板支撑开始，肩膀在手的上方，双脚分开与髋同宽。身体的重量转移到双手，收紧核心区。

2 躯干不动，抬起右手，让重量转移到左手，用右手轻拍左肩，然后右手还原到初始位置。此为一次。

3 左手重复上述动作，此为另一次。双手交替触肩，根据你的训练计划重复至目标次数。

退阶动作变式

跪式高位平板支撑交替摸肩

在步骤1中，膝盖放在地面。进行上述动作，保持头部到膝盖成一条直线。

平板壶铃横拉

对高位平板支撑加以变化，在身体的下方来回推拉一个重物，来挑战核心区稳定性。这个动作不仅可以“点燃”你的核心区，同时也“点燃”你的全身。

动作简介

器械
壶铃

主要肌群
腹肌

次要肌群
手臂肌群、肩部肌群、胸部肌群

1 从高位平板支撑的姿势开始，肩膀位于双手正上方，双脚距离要宽于髋部。将一个壶铃置于左手后方。

2 在不移动身体的前提下，将右手伸到身体下方，抓住壶铃的把手。

3 保持髋部跟肩部放正，将壶铃贴着地面拉到身体右侧。

4 将右手还原到初始位置，重新将身体重量分散至双手跟脚尖。此为一次。

5 重复上述动作，换成用左手将壶铃拉到身体左边。此为另一次。来回将壶铃从身体一侧拉到另外一侧，按照你的训练计划重复至目标次数。

退阶动作变式

跪式平板壶铃横拉

在步骤1中，将膝盖放在地面。进行上述动作。

侧平板支撑
髋部下沉

侧平板支撑能提高核心区力量与稳定性，这是所有有效训练的基础。这个髋部的动作，特别针对腹内斜肌、腹外斜肌，也就是躯干两侧的腹部肌群。

动作简介

器械

无

主要肌群

腹内斜肌、腹外斜肌

次要肌群

肩部肌群、臀肌、腘绳肌

1 从侧平板支撑开始，左前臂放在地面，左肘弯曲90度。右腿和右髋部直接叠在左腿和左髋部上方。抬起髋部，从头到脚形成一条直线。将右手放在右髋部上。

2 用核心区控制左髋部接近地面。然后返回初始位置。此为一次。按照你的训练计划单侧重复至目标次数。

3 换到另一侧，用右髋部接近地面。按照你的训练计划单侧重复至目标次数。

侧平板支撑手臂抱胸

这个动作在侧平板支撑的基础上增加了一个躯干的旋转，迫使核心肌群用力，稳定髋部并保持平衡。这个动作可以增强全身的力量，并且伸展胸部的肌群。

动作简介

器械

无

主要肌群

腹内斜肌、腹外斜肌

次要肌群

胸部肌群、肩部肌群、腿部肌群

1 从侧平板支撑开始，左前臂放在地面，肘部弯曲成90度，右腿、右髋部直接叠放在左腿、左髋部上。抬起髋部，从头到脚形成一条直线。将右臂伸向天花板。

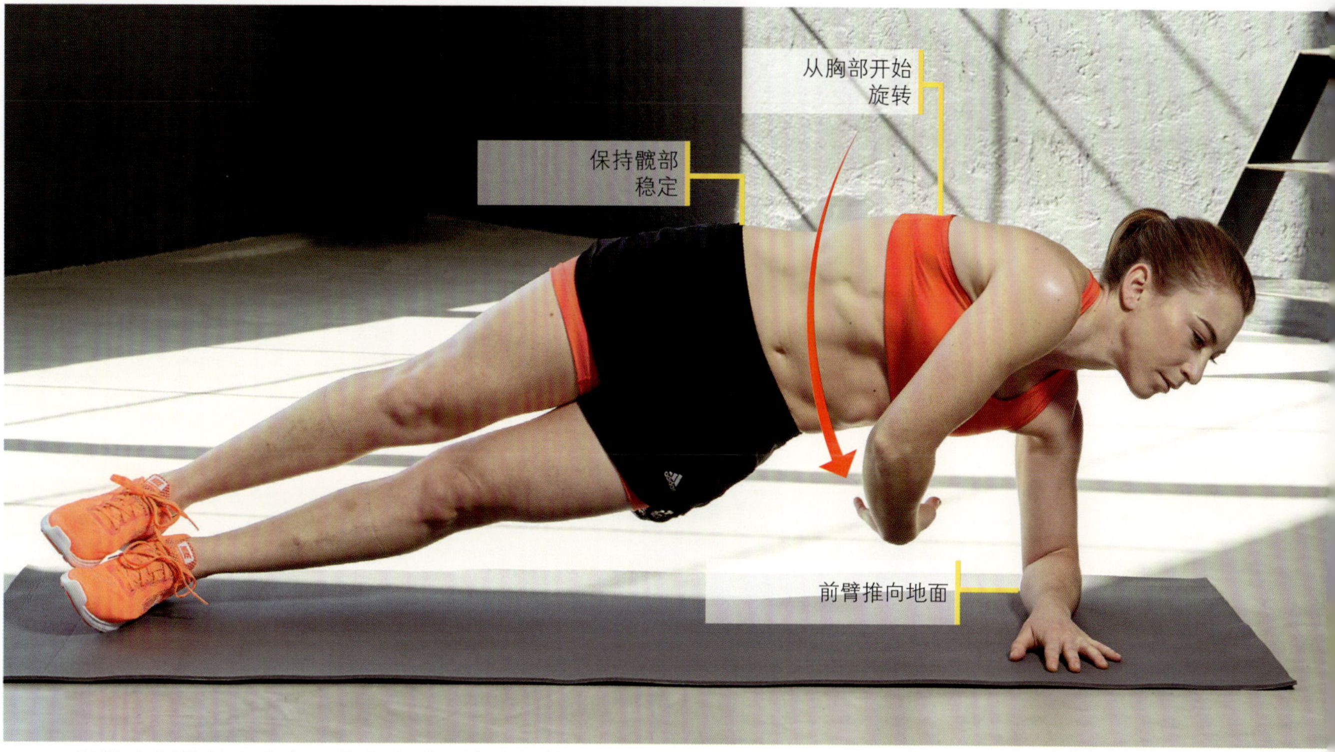

2 用核心区旋转上半身，伸出右臂环绕胸部并且越过髋部，就像给自己一个拥抱。

3 回到初始位置，此为一次。按照你的训练计划重复至目标次数。

4 换到另一侧，用左臂重复上述动作，按照你的训练计划重复至目标次数。

药球俄罗斯转体

拿一个药球进行这个核心区训练可以增加阻力，让你快速变强壮。这个转体的动作能调动你的腹内斜肌和腹外斜肌，双腿抬起的姿势能提高你的下肢稳定性。

动作简介

器械
药球

主要肌群
腹肌

次要肌群
腰部肌群、腿部肌群、肩部肌群

1 坐在地面上，双手拿药球置于胸口。弯曲双膝，抬起双腿，直到小腿与地面平行，向后靠，让核心区保持直立。

2 呼气，肚脐靠近脊柱，用核心区旋转上半身，把药球带到身体左侧。

3 吸气，回到中立位，呼气，转向右侧，然后吸气回到中立位。此为一次。交替旋转至两侧，双脚和背部不可以落下，按照你的训练计划重复至目标次数。

退阶动作变式

自重俄罗斯转体

不拿药球，进行上述动作。双手握实。你也可以把脚轻轻地放在地面。

快速俯卧登山跑

这个动态训练，可以提高心率和促进新陈代谢，同时也可以强化核心区。它主要作用于腹肌，稳定你的姿势变换。动作越快，燃烧的热量越多。

动作简介

器械
无

主要肌群
腹肌

次要肌群
肩部肌群、手臂肌群、腿部肌群、髋部肌群

1 从高位平板支撑开始，肩膀位于双手上方，双脚打开与髋同宽。将身体重量均匀分散在手脚之间。

2 快速地将右膝靠向胸口，同时保持上身的稳定，肩膀位于手腕的正上方。

3 快速换腿，提起左膝靠近胸口，同时将右腿放回地面，轮流抬腿，按照训练计划中的时间快速进行。

慢速交叉式俯卧登山

这个动作通过增加核心区旋转来训练腹内斜肌、腹外斜肌，从而强化了传统的登山动作。缓慢、可控地进行动作以塑造核心区和“点燃”整个身体。

动作简介

器械

无

主要肌群

腹内斜肌、腹外斜肌

次要肌群

肩部肌群、手臂肌群、髋部肌群、臀肌、大腿肌群

1 从高位平板支撑的姿势开始，肩膀位于双手上方，双脚打开与髋同宽。将身体重量均匀地分布到手脚之间，吸气。

2 呼气，用核心区推动右膝越过身体，靠近左肘。保持上半身的稳定，并且保持肩部位于手腕正上方。

3 吸气，将右腿还原至初始位置。此为一次。

4 呼气，用左腿重复动作，此为另一次。交替旋转，按照你的训练计划重复至目标次数。

壶铃农夫行走

用硬拉的方式，拿起两个壶铃，在负重的情况下向前走，这个动作是最具功能性的，可以强化全身力量。前臂负责抓握，核心区和肩膀负责在负重情况下保持身体直立。

动作简介

器械

壶铃

主要肌群

核心肌群、前臂肌群、肩部肌群

次要肌群

腿部肌群、背部肌群

1 站在两个壶铃之间，壶铃位于两脚外侧，弯曲膝盖，髋部向后推，两手各抓一个壶铃。

2 脚跟用力推向地面，站起来，同时将壶铃提离地面。将壶铃置于身体两侧并紧紧抓好。

3 用小步快速向前走，记住，走动时要平稳地呼吸。按照你训练计划中的步数进行。

4 弯曲膝盖，将髋部向后推，保持背部挺直。把壶铃放在地面，然后站起来。

上半身训练

分腿支撑单臂划船

这个训练动作单独锻炼上背部的肌群，而这种分腿站立的姿势需要用到核心肌群来稳定身体。单臂训练主要帮助纠正因久坐或身体向前而引起的肌群失衡。

动作简介

器械

哑铃

主要肌群

背部肌群、肩部肌群

次要肌群

肱二头肌、肱三头肌、核心肌群

1 双腿分开与肩同宽，左手拿一个哑铃。左脚向后，分腿站立，左脚跟抬起，用前脚掌着地。向前屈髋，身体前倾，弯曲右膝。肩胛骨回缩。

2 在肘部的引导下，将哑铃向上、向后提拉，沿着躯干拉动肱二头肌，直至哑铃靠近肋骨。在动作的顶端稍作停顿。

3 控制着哑铃慢慢下放，还原至初始位置。此为一次。按照你的训练计划单侧重复至目标次数。

4 双腿位置交换，分开站立，用右侧手臂进行上述动作，按照你的训练计划重复至目标次数。

进阶动作变式

加上肱三头肌的手臂后伸

挑战你的肱三头肌，在步骤2完成后将手臂向后伸直，原路返回后继续步骤3。

哑铃俯卧划船

这个进阶平板支撑和划船动作可以锻炼到整个身体，尤其注重加强背部肌群的练习。这是一项很棒的锻炼，可以锻炼核心肌群，让髋部、躯干和腰部保持稳定的对位。

动作简介

器械
哑铃

主要肌群
背部肌群、肩部肌群、腹肌

次要肌群
肱二头肌、肱三头肌

1 两手各拿一个哑铃，从高位平板支撑姿势开始，肩膀位于手腕的正上方，双脚与髋同宽。把身体重量移到脚趾上。吸气。

2 呼气，并提起右手中的哑铃，直上直下，直到它靠近肋骨，在动作的顶端稍作停留。

3 把哑铃放回起点，将身体重量平摊到手和脚趾上。此为一次。

4 用左臂重复上述动作，此为另一次。双臂交替划船，按照你的训练计划重复至目标次数。

杠铃俯身划船

中背部是把力量从下半身转移到上半身的关键。这个练习动作从硬拉开始，然后你需要上下提拉杠铃来强化背部。这也能提高你对其他杠铃动作的适应能力，比如卧推。

动作简介

器械

杠铃

主要肌群

背部肌群、肩部肌群

次要肌群

核心肌群、手臂肌群

注意

如果你的背部有问题，避免做这种练习。可以选做分腿支撑单臂划船。

1 站在杠铃后面，双脚与肩同宽，杠铃在双脚上方。弯曲双膝，将髋部向后推。双手握住杠铃，略比肩宽。吸气。

2 呼气，脚跟用力推向地面，保持背部挺直，直到双腿伸直，躯干直立。

3 向前屈髋，并带动胸部前倾，将臀部向后推。将杠铃放到膝盖以下，这是杠铃划船的初始位置。

4 呼气，在肘部的引导下，用中背部发力将杠铃向上拉，然后到胸部下方。在动作的顶端收缩肩胛骨。

5 以一种缓慢的、可控的方式，将手臂放低到初始位置。此为一次。重复步骤4和5，按照你的训练计划重复至目标次数。

哑铃提拉

这个功能性动作可以给肩膀塑形，并帮助你进行别的上肢训练。在肘部抬起的过程中提起哑铃，可以提高肩袖肌群的灵活性。

动作简介

器械

哑铃

主要肌群

肩部肌群、背部肌群

次要肌群

肱二头肌、核心肌群

1 双脚分开与肩同宽。两手各拿一个哑铃，置于身体前侧，掌心对着大腿。微微弯曲膝盖，背部挺直。

2 用缓慢的、可控的方式把哑铃拉至锁骨位置。缓慢还原到初始位置。此为一次。按照你的训练计划重复至目标次数。

吊环划船

用吊环来进行自重划船，为后续的引体向上做好准备。这个全身动作可以强化上背部和手臂。可以通过向后走远离吊环来简化动作，也可以通过向前走靠近吊环来进阶。

动作简介

器械

吊环

主要肌群

上背部肌群、肱二头肌

次要肌群

肩部肌群、肱三头肌、核心肌群

1 将吊环调至与髋同高，双脚站在吊环下方。双手握紧吊环，掌心相对。双腿伸直，让身体慢慢地向后倾斜，直到双臂完全伸展。

2 肘部向后，拉动胸部靠近吊环。短暂地停留后，让身体慢慢还原至初始位置。此为一次。按照你的训练计划重复至目标次数。

杠铃卧推

这个经典的杠铃卧推对增强上半身力量和找到胸部肌群发力感有着至关重要的作用。这个动作可以帮助你预防运动伤害，还可以纠正你胸部和背部的肌肉失衡。

动作简介

器械

杠铃、长凳

主要肌群

胸部肌群

次要肌群

肱二头肌、肱三头肌、肩部肌群

注意

如果你是新手，练习这个动作时，要找一个保护你的伙伴。

1 躺在长凳上，肩膀在杠铃杆下方。双手握杆与肩同宽，掌心朝上。

2 伸直手臂，从架子上拿起杠铃，将杠铃停留在胸部上方。不要让杠铃杆向前或向后移动。呼气。

3 吸气，以一种可控的方式，使用胸肌来降低杠铃杆，使杠铃杆轻触下胸部。（注意：不要让杠铃杆砸到你的身体。）

4 呼气，将双臂伸直，回到步骤2的姿势。此为一次。重复步骤3、4，按照你的训练计划重复至目标次数，然后将杠铃放回架子。

单腿跪姿单侧壶铃推举

这一动作可以同时训练肩部肌群以及核心肌群。单臂推举的目标肌群是背部和肩部的肌群，而单腿跪的姿势需要核心肌群来稳定和保持平衡。

动作简介

器械

壶铃

主要肌群

肩部肌群、背部肌群

次要肌群

核心肌群、肱三头肌

注意

为了避免颈椎拉伤，你需要目视前方，微微抬起下巴。

小贴士

如果想要动作变得更难，就将双脚和膝盖向身体中线靠拢。

1 以单腿跪姿开始，右腿向前，左膝着地。用左手握住壶铃，将壶铃置于肩膀后面。将右臂伸出去，或者叉腰。

2 呼气，用肩部力量将壶铃竖直推起。

3 以一个可控的方式返回初始位置。此为一次。按照你的训练计划单侧重复至目标次数。

4 换腿，用右臂完成这个训练，重复同样的次数。

站姿哑铃肩部推举

肩部需要稳定自由力量器械，因此该推举动作能够强化你的肩部肌群。用站姿完成这个动作，核心肌群可以用来保持控制与维持平衡。

动作简介

器械
哑铃

主要肌群
肩部肌群

次要肌群
核心肌群、上背部肌群、肱三头肌

1 双脚分开与肩同宽。两手各拿一个哑铃，高度与下巴齐平，掌心朝前。吸气。

2 呼气，用肩部力量将哑铃竖直推起。然后，以可控的方式慢慢将哑铃还原到初始位置。此为一次。按照你的训练计划重复至目标次数。

进阶动作变式

站姿哑铃阿诺德推举

在步骤1中，拿起哑铃并且掌心对着自己。在步骤2中，推起哑铃时，旋转手掌，使其朝前。在慢慢下放的过程中，再旋转回初始位置。

仰卧哑铃飞鸟

躺在一条可以做全程的手臂张开动作的长凳上，从而单独强化胸部的肌群。这个动作也可以强化我们肩袖肌群的灵活性与稳定性，有助于防止运动损伤。

动作简介

器械

哑铃、长凳

主要肌群

胸部肌群

次要肌群

肩部肌群、背部肌群、肱二头肌

1 平躺在长凳上，两手各拿一个哑铃。双臂伸展，位于胸部正上方，掌心相对。

2 以一种可控的方式，用胸部肌群打开双臂，将哑铃下放到双臂几乎与地面平行。

3 呼气，将手臂拉回初始位置。此为一次。按照你的训练计划重复至目标次数。

杠铃过头推举

此动作也被称为军事推举。这个高级动作是一项非常好的锻炼上肢以及核心区的训练动作。这个动作会增强整体力量，强化肩部，改善躯干和腿部的稳定性。

动作简介

器械

杠铃

主要肌群

肩部肌群、上背部肌群

次要肌群

核心肌群、腿部肌群、肱三头肌

1 将杠铃放在架子上，大约在肩部稍下的位置。双手抓住杠铃，握距略比肩宽，掌心朝上。伸直膝盖，向前一步，把杠铃架起。双脚分开与肩同宽。杠铃置于锁骨位置，回缩肩胛骨。吸气。

2 呼气，肩部发力将杠铃垂直向上推起，直到手臂完全伸直。收紧核心区，保持稳定，不要向前或向后倾斜。

3 以一种缓慢、可控的方式将杠铃还原至初始位置。此为一次。按照你的训练计划重复至目标次数，然后把杠铃放回架子。

引体向上

没有什么动作可以比引体向上更让你变得强壮了。这项动作需要用你的上背部拉起整个身体的重量。为了获得最好的效果，尽量不要摆动腿部，每次都要强迫自己达到训练动作的顶端和底端位置。

动作简介

器械
引体向上拉杆

主要肌群
背部肌群

次要肌群
肩部肌群

小贴士
如果这个动作太难了，则做吊环划船替代。

1 跳起来抓住引体向上拉杆。双手距离略比肩宽，掌心向前，握紧。伸直手臂，让身体垂下来，注意挺胸收腹。

2 用背部力量将身体拉起来，直到下巴超过引体向上拉杆。短暂地停留，有控制地慢慢将身体放回到初始位置。此为一次。按照你的训练计划重复至目标次数。

反手抓握引体向上

类似于引体向上，反手抓握引体向上是一项强有力的动作，需要你拉起整个身体的重量。反握的方法会激活肱二头肌，使动作比正握引体向上更容易一点，试着不要用摇摆和借力来完成动作。

动作简介

器械

引体向上拉杆

主要肌群

背部肌群、肱二头肌

次要肌群

肩部肌群、胸部肌群

1 跳起来抓住引体向上拉杆。双手距离与肩同宽，掌心向后，握紧。伸直手臂，让身体垂下来，注意挺胸收腹。

2 用背部力量和肱二头肌将身体拉起来，直到下巴超过引体向上拉杆。短暂地停留，有控制地慢慢将身体放回到初始位置。此为一次。按照你的训练计划重复至目标次数。

俯卧撑

虽然看起来很简单，但是俯卧撑是一个非常困难且有用的自重训练方式。除了增强上半身的力量，它还能提高肩部的灵活度，锻炼核心肌群。腹部肌群，尤其是腹内斜肌、腹外斜肌以及腰部肌群在整个动作过程中都应该保持稳定。

动作简介

器械
无

主要肌群
胸部肌群、腹肌

次要肌群
肩部肌群、肱三头肌

1 从一个高位平板支撑的姿势开始，肩膀在双手上方，双脚分开与髋同宽。将身体重量向前转移到双手，收紧核心区。

退阶动作变式

跪姿俯卧撑

在步骤1中，将双膝放在地面上，进行上述俯卧撑动作。

进阶动作变式

下沉式俯卧撑

双脚抬高从而增加上肢的负荷，进行上述俯卧撑动作。

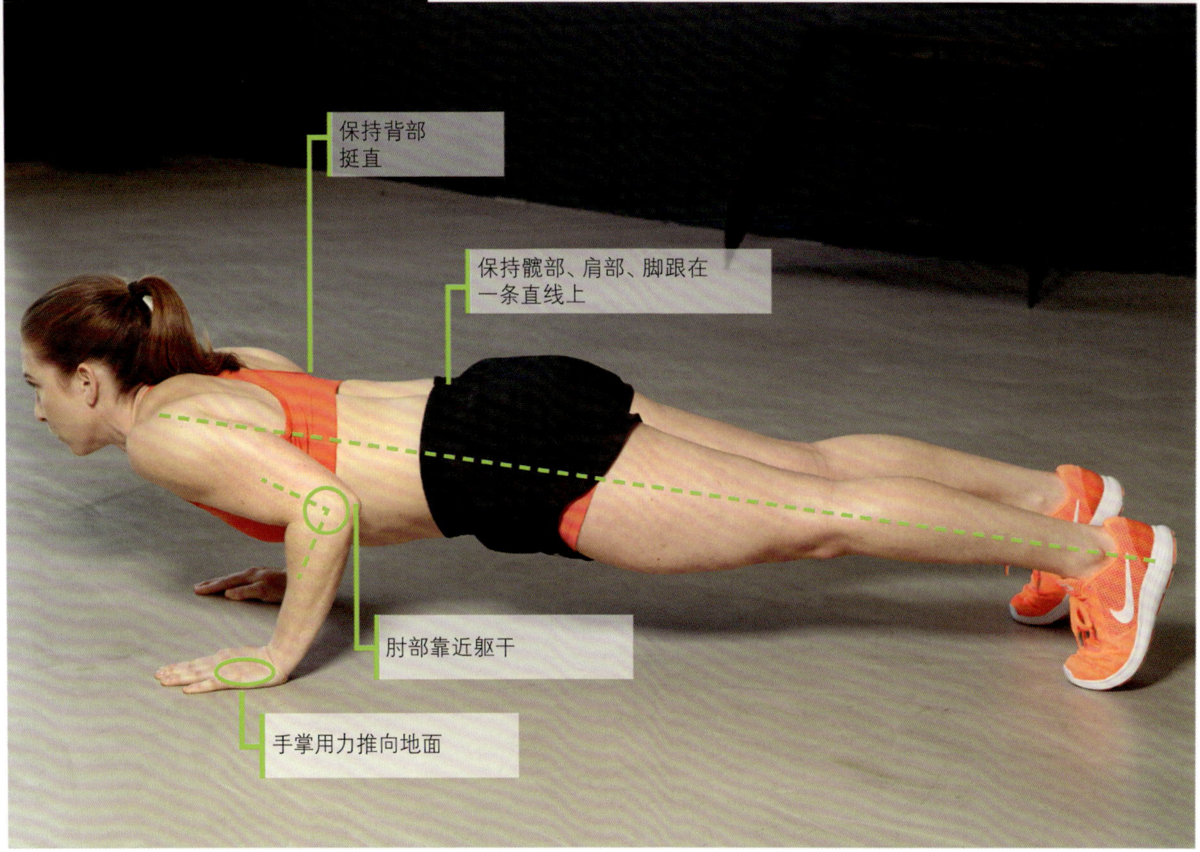

2 吸气，弯曲肘部来降低身体，直到两肘弯曲成90度。然后呼气，通过手掌发力，将身体还原到初始位置。此为一次。按照你的训练计划重复至目标次数。

T字俯卧撑

这种高级俯卧撑以一种绝妙的方式来塑造核心区力量与稳定性，同时也可以伸展胸部肌群，强化上背部。核心区旋转的目标是腹内斜肌、腹外斜肌，这个训练可以让你的全身力量耗尽。

动作简介

器械

无

主要肌群

胸部肌群、核心肌群

次要肌群

肩部肌群、肱三头肌、背部肌群

1 从高位平板支撑开始，肩膀位于双手上方，双脚距离超过髋部。将身体重量向前转移到双手上，收紧核心区。

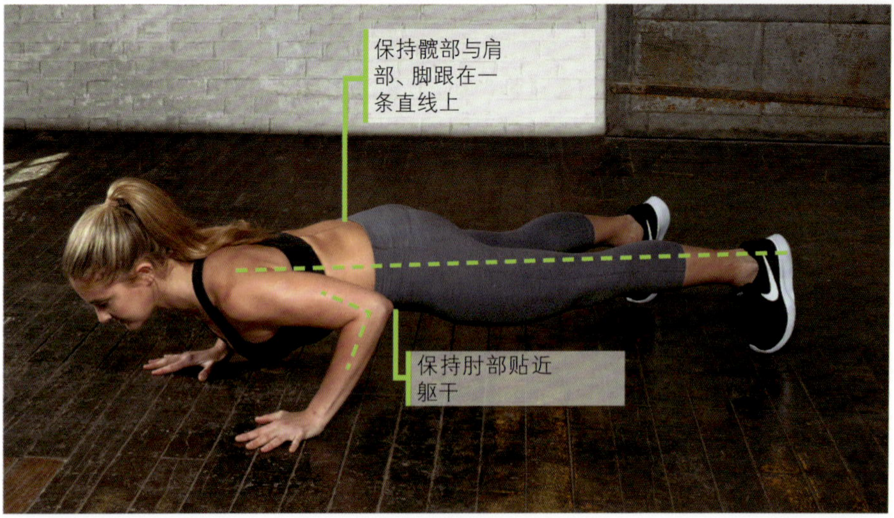

2 吸气，弯曲肘部从而降低身体，直到肘部成90度。

3 呼气，通过手掌带动身体抬起。在一个连续的动作中，完全伸展右臂，将核心区旋转到左边，并将左臂举起，朝向天花板。短暂地停顿一下。

4 将左臂放下，返回初始位置。此为一次。

5 重复以上动作，这次换用右臂。此为另一次。交替抬起双臂，按照你的训练计划重复至目标次数。

坐姿臂屈伸

你很容易忽视你的手臂后部，但是这个简单的自重训练会让你的肱三头肌燃烧。这个动作可以锻炼从肩膀到肘部的手臂后面的肌群，同时也能增强核心肌群以及胸部肌群。

动作简介

器械

长凳

主要肌群

肱三头肌

次要肌群

肩部肌群、核心肌群、胸部肌群

1 坐在长凳的边上，双手与肩同宽，放在髋部两侧。把髋部向前从凳子上移开，伸展双腿。把身体重量转移到手掌上。

进阶动作变式

单腿坐姿臂屈伸

抬起一条腿，进行上述动作。一条腿支撑，完成目标次数的一半；然后再换另一条腿支撑，完成另一半。

2 吸气，弯曲肘部来降低身体，直到肘部弯曲到90度。然后呼气，手掌用力推，使身体回到初始位置。此为一次。按照你的训练计划重复至目标次数。

站姿双侧哑铃肱二头肌弯举

作为锻炼大臂力量的主要动作，肱二头肌弯举会使你的肌群变得结实并且有线条。不要通过摆臂来借力，这样就丧失了这个动作的好处。保持对整个动作的控制。

动作简介

器械
哑铃

主要肌群
肱二头肌

次要肌群
肩部肌群、三角肌、核心肌群

1 双脚分开与髋同宽。两手各拿一个哑铃放在大腿两侧，掌心朝前。收紧核心区，吸气。

2 呼气，用肘部作为支点，把哑铃举至肩膀的位置，让手臂靠近身体。然后，以一种可控的方式，将手臂放低到初始位置。此为一次。按照你的训练计划重复至目标次数。

退阶动作变式

锤式弯举

在步骤1的基础上，旋转双手，掌心相对，进行上述动作。

进阶动作变式

深蹲肱二头肌弯举

在一个深蹲的姿势上完成上述动作，开始的时候哑铃放在地面。全程保持深蹲的姿势。

下半身训练

杠铃颈前深蹲

在下蹲时把杠铃举在你的前方，这是一种有效的增强腿部力量和整体力量的方式。此种形式的深蹲可以锻炼核心区力量，使身体保持稳定和直立。

动作简介

器械
杠铃

主要肌群
股四头肌

次要肌群
臀肌、腘绳肌、大腿内侧肌群、核心肌群

1 把杠铃放在架子上，高度刚好低于肩膀。双手抓住杠铃，两手距离略宽于肩，掌心向上。杠铃杆放在锁骨位置。

杠铃放置于锁骨位置，肘尖向前。

2 双腿伸直，向后撤步，将杠铃从架子上取出。把杠铃杆放在锁骨上（而不是手上）。双脚分开与肩同宽，脚尖稍向外。

3 收紧核心区，吸气，将髋部向后推。弯曲双膝，向后蹲，直到大腿与地面平行。保持臀肌与核心肌群发力并把身体重量放在脚跟。

4 呼气，然后脚跟发力站起来，此为一次。按照你的训练计划重复至目标次数，然后把杠铃重新放到架子上。

杠铃颈后深蹲

这种负重下蹲是增强腿部力量和整体力量，以及全身灵活性的最佳方式之一。它是一种能量密集型动作，可以促进新陈代谢，燃烧身体脂肪。

动作简介

器械

杠铃

主要肌群

股四头肌

次要肌群

臀肌、大腿肌群、核心肌群

1 把杠铃放在架子上，高度稍低于肩膀。走到杠铃下，将它放置在肩后低于脖子的位置。双手距离大于肩宽，抓住杠铃。

2 腿部伸直，向后撤步，将杠铃从架子上取出。把重量放在背上（而不是手上）。双脚分开与肩同宽，脚尖稍向外。

3 收紧核心区，吸气，将髋部向后推。弯曲双膝，向后蹲，直到大腿与地面平行。在整个动作过程中保证臀大肌和核心肌群发力。

4 呼气，然后脚跟发力站起来。此为一次。按照你的训练计划重复至目标次数，然后把杠铃重新放到架子上。

退阶动作变式

自重深蹲

按照上述步骤做下蹲动作，但是不使用杠铃。双手并拢靠近脸部。

哑铃相扑深蹲

这种站立时双腿分开较宽的深蹲，目标肌群为髋内收肌群，此肌群可以将你的大腿向里收。这种动作还可以加强臀肌和大腿肌群的力量，得到均匀细瘦的腿部曲线。哑铃所增加的阻力能使效果最大化。

动作简介

器械

哑铃

主要肌群

髋部肌群、臀肌

次要肌群

股四头肌、腘绳肌、核心肌群

1 双脚分开较宽，脚尖向外。抓住哑铃顶部放于两腿之间，手臂垂直向下，肩胛骨回缩。

2 吸气，将髋部向后推，弯曲双膝，直到大腿与地面平行。让哑铃垂直向下移动。保持背部平直。

退阶动作变式

自重相扑深蹲

按照上述步骤做下蹲动作，但是不使用哑铃。双手合拢靠近脸部。

3 呼气并通过脚跟发力站起来。此为一次。按照你的训练计划重复至目标次数。

壶铃高脚杯深蹲

高脚杯深蹲是一种很好的提高下蹲技巧的下肢锻炼方法。这种动作可以挑战你的核心肌群，增强下肢力量，以及提高脊柱的灵活性。

动作简介

器械

壶铃

主要肌群

股四头肌、腘绳肌

次要肌群

臀肌、肩部肌群、核心肌群

1 双脚分开与肩同宽，脚尖稍向外。双手抓住壶铃，保持壶铃靠近胸前。

小贴士
为了保持足部稳定，要分开双腿，脚跟用力踩向地面。

2 吸气，将髋部向后推，双膝弯曲，直到大腿与地面平行。

3 呼气并通过脚跟发力站起。此为一次。按照你的训练计划重复至目标次数。

进阶动作变式

增加推举

当你像步骤3一样站起时，将壶铃推举到头顶上方。然后当你开始下一次动作时，将壶铃放回胸前。

后足抬高单腿下蹲

后足抬高单腿下蹲又称为保加利亚弓步蹲，这种锻炼是增强下肢力量和功能的最佳方法之一。它能增加髋屈肌的灵活性，并使核心肌群发力来维持平衡。

动作简介

器械
哑铃、长凳

主要肌群
臀肌、股四头肌

次要肌群
髋部肌群、核心肌群

1 将左脚背放在身后的一个长凳上，右脚牢牢地踩在地上。两手各拿一个哑铃，垂在身体两侧。

2 吸气，双膝弯曲，左膝垂直下降，直到右侧大腿与地面平行。

3 呼气，右脚跟发力上推，然后站起。此为一次。按照你的训练计划重复至目标次数。

4 交换双腿，将右脚抬起做下蹲。按照你的训练计划重复至目标次数。

退阶动作变式

自重后足抬高单腿下蹲

按照上述步骤做下蹲，但是不使用哑铃。保持双手放在胸前。

杠铃早安式

这是一项很好的挑战整个身体后链（身体的后部）的动作。它有助于增强腰部力量，防止受伤，也可以让臀肌更结实。

动作简介

器械

杠铃

主要肌群

臀肌、腘绳肌、腰部肌群

次要肌群

核心肌群

小贴士

扩大步宽可激活大腿内侧肌群，缩小步宽可激活腘绳肌。

1 把杠铃放在架子上，稍低于肩。站在杠铃下，然后将它放置在肩膀后方的颈部下缘。双手抓住杠铃，宽于肩距。伸直双腿，向前迈步，将杠铃从架上取出，双脚分开与肩同宽。

推动髋部水平向后，并维持后背平直。

2 将臀部向后推动，髋部向前折叠，胸部向下，直到躯干与地面平行。然后收缩腘绳肌和臀肌，推动髋部向前，重新站直。此为一次。按照你的训练计划重复至目标次数。

杠铃臀桥

身体形成一个桥的形状是单独训练臀肌的最佳方法之一。强壮的臀肌外观看起来非常棒，对整体的力量也非常重要。这种锻炼方法为你进行其他形式的杠铃动作提供了条件，并有助于预防腰部损伤。

动作简介

器械
杠铃、长凳

主要肌群
臀肌

次要肌群
核心肌群、腘绳肌

1 坐在长凳前面的地上，双腿伸直，将杠铃放在大腿上。

2 抬起臀部，向后倚靠长凳。肩胛骨靠在长凳上，弯曲双膝，脚跟牢牢踩在地上。把杠铃放在髋关节上，吸气。

3 呼气，脚跟用力，向天花板抬起髋部，从膝盖到肩膀形成一条直线。上抬到顶端时收紧臀肌。

4 用可控制的方式，回到步骤2的位置。此为一次。按照你的训练计划重复至目标次数。

哑铃弓步走

本练习是一项移动的弓步蹲——把每一个弓步以流畅的方式组合到一起向前移动。本练习能够动员到所有腿部肌肉，并且对髋屈肌有很好的牵拉。练习中要激活你的核心区来保持平衡。

动作简介

器械
哑铃

主要肌群
大腿肌群、臀肌

次要肌群
核心肌群、髋部肌群

注意
若存在膝关节损伤，避免该练习，先维持反向弓步蹲练习。

1 两手各握一个哑铃，双脚分开与肩同宽。双臂垂于体侧。

2 左脚向前跨一大步。双膝弯曲，右膝竖直向下，直到左大腿与地面平行。此为一次。

小贴士

保持步骤连续，不要返回起始位置。

退阶动作变式

哑铃前向弓步蹲

在步骤3中，不要向前迈步，而是返回起始位置。两脚交替跨步。

退阶动作变式

自重弓步走

按照上述步骤进行弓步蹲，但不用哑铃。可以伸展手臂来保持平衡。

3 左脚跟蹬地站起，右脚立即向前跨步，弯曲双膝，直到右大腿与地面平行。此为另一次。继续向前弓步，直到达到目标次数。

哑铃反向弓步蹲

反向弓步蹲相比深蹲和前向弓步蹲对膝关节产生的压力更小。哑铃能够增加脂肪燃烧，挑战平衡感。

动作简介

器械

哑铃

主要肌群

股四头肌、臀肌

次要肌群

腿部肌群、核心肌群

1 双脚分开与肩同宽。两手各握一个哑铃，双臂垂于体侧。

2 右脚向后跨一大步。双膝弯曲，右膝竖直向下，直到左大腿与地面平行。

3 左脚跟蹬地站起并返回初始位置。此为一次。

4 左脚向后跨步弓步蹲，然后回到起始位置。此为另一次。双侧交替弓步蹲，直到达到目标次数。

退阶动作变式

自重反向弓步蹲

按照上述步骤进行弓步蹲，但不使用哑铃。保持双手位于胸前或放在髋部。

哑铃侧向弓步蹲

侧向弓步蹲保证你的活动度能够延伸至不同平面。该练习能够发展下肢力量并挑战平衡能力。增加脚步宽度能够紧实臀肌。

动作简介

器械
哑铃

主要肌群
臀肌

次要肌群
股四头肌、髋部肌群、核心肌群

1 双脚分开与肩同宽。两手各握一个哑铃，双臂垂于体侧。

2 吸气并向左迈一宽步。左膝弯曲且髋部向后坐，直到左大腿几乎平行于地面。保持右腿伸直，并将哑铃向下移动至弯曲的膝盖两侧。

退阶动作变式

自重侧向弓步蹲

根据上述步骤进行弓步蹲，但不使用哑铃。保持双手位于胸前。

3 呼气，同时左脚跟用力，将身体推回起始位置。此为一次。

4 完成向右弓步蹲。此为另一次。继续弓步蹲，根据训练计划，可交替或单侧重复至目标次数。

哑铃跳箱踏步

跳箱踏步是一个多关节参与的功能性动作，能够发展下肢力量，挑战核心区稳定和平衡。它能在运动和日常生活中转化为更有效的动作。跳箱越高，难度越大。

动作简介

器械

哑铃、跳箱

主要肌群

股四头肌、臀肌

次要肌群

腘绳肌、髋部肌群、小腿肌群、核心肌群

1 站在跳箱或长凳后，双脚分开与肩同宽。两手各握一个哑铃，双臂垂于体侧。

2 弯曲右膝并将右脚完全置于跳箱上。保持左腿稳定，踩在地面上。

3 右脚跟用力以使右腿完全伸直并站起。将左脚置于跳箱上，但不要使用左腿蹬地。

4 小心地弯曲右膝，并将左脚向后撤回到地面上。之后，右腿返回起始位置。此为一次。以该侧腿重复练习至达到目标次数。

退阶动作变式

自重跳箱踏步

根据上述步骤进行该练习，但不使用哑铃。双臂垂于体侧。

5 使用左腿进行练习。此为另一次。以该侧腿重复练习至达到目标次数。

屈腿硬拉

该项硬拉提高整体身体力量，发展下肢爆发力。它具有整体功能性，这意味着该练习能够应用于真实生活中，包括从地面拿起重物。

动作简介

器械
杠铃

主要肌群
臀肌、腘绳肌

次要肌群
核心肌群、背部肌群

注意
为保护腰部，在练习中保持核心区收紧。

1 将双脚置于杠铃下，与肩同宽，杠铃杆紧贴小腿。双手握住杠铃，使得前臂紧贴大腿外侧。髋部屈曲，臀部向后，使得躯干前倾。肩膀在杠铃杆上方，肩胛骨回缩以激活背部，吸气。

2 呼气，脚跟用力蹬地，使用臀肌和腘绳肌来站起。保持杠铃靠近身体，并控制肩部位于髋部正上方。

3 髋部向后，屈曲膝关节来让杠铃回到地面，保持肩部一直在杠铃杆上方。此为一次。按照你的训练计划重复至目标次数。

退阶动作变式

壶铃硬拉

根据上述步骤进行该练习，但需使用壶铃。将壶铃置于双踝间，双手握紧。

哑铃罗马尼亚硬拉

与传统硬拉一样，罗马尼亚硬拉也是在收紧核心区的情况下强化腘绳肌和臀肌。哑铃的重量和较大的活动范围用于强化下肢肌肉。

动作简介

器械
哑铃

主要肌群
腘绳肌、臀肌

次要肌群
核心肌群、小腿肌群

1 双脚分开与肩同宽。两手各握一个哑铃，双臂置于身前，掌心对着大腿。双膝微微弯曲。拉长脊柱。

2 缓慢前倾身体，屈髋并将臀部向后推，让膝关节轻度屈曲。保持肩部到哑铃成一条线，并且肩部位于哑铃正上方。

3 继续屈髋，直到哑铃到达小腿中段。保持背部拉长和平直。

4 脚跟蹬地，收紧臀肌并伸直腿和髋部以回到初始位置。此为一次。按照你的训练计划重复至目标次数。

壶铃单腿硬拉

单侧的身体训练有利于提高整体稳定性和平衡性。单腿站立能够挑战核心区，单独强化臀肌，并激活整体后侧链。

动作简介

器械
壶铃

主要肌群
臀肌、腘绳肌、股四头肌

次要肌群
核心肌群、髋部肌群

1 双脚分开与髋同宽。左手握壶铃贴于左腿。

2 将重量转移至右脚跟。向前屈髋，躯干前倾，向后伸展左腿直到躯干平行于地面。保持壶铃位于肩下。

小贴士

为保持平衡，像钟摆一样缓慢向前倒。不要将腿往后踢。

3 缓慢做反向动作返回至起始位置。此为一次。按照你的训练计划重复至目标次数。

4 使用左腿进行该练习。按照你的训练计划重复至目标次数。

退阶动作变式

自重单腿硬拉

在无壶铃情况下按上述步骤进行练习。

爆发力训练

波比跳

这是一项可以测试你的耐力和全身状况的自重动作。波比跳结合爆发性增强式动作和俯卧撑力量训练，可以让你大汗淋漓。该动作非常具有挑战性且燃脂效率极高。

动作简介

器械

无

主要肌群

腿部肌群、核心肌群

次要肌群

肩部肌群、手臂肌群、胸部肌群

1 双脚分开与髋同宽。蹲下，双手放在脚趾前面的地板上。

2 双脚快速后跳，使身体形成高位平板支撑姿势，然后将身体向地板方向下降，做一个俯卧撑。

3 伸展手臂结束俯卧撑，快速向手的方向收回双脚。

4 快速起跳，同时将手伸过头。此为一次。

5 回到起始姿势，按照你的训练计划重复至目标次数。

退阶动作变式

简易波比跳

步骤2时，双脚后跳至高位平板支撑姿势，但是不要降低身体做俯卧撑，然后继续步骤3。

增强式俯卧撑

在传统的俯卧撑中增加了爆发式元素，激活了完成强有力动作的肌纤维。这个过程中，热量燃烧总量增加，力量增加，肌肉生长。

动作简介

器械

无

主要肌群

胸部肌群、肩部肌群

次要肌群

核心肌群、肱三头肌、背部肌群

1 从高位平板支撑开始，手在肩部正下方，双脚与髋同宽，将重量移至手臂，核心区收紧。

2 吸气，弯曲双肘，胸口下沉靠近地板，直到肘部屈曲90度。

3 呼气，手掌用力推地，胳膊伸直的同时，双手完全离开地面，保持核心区收紧。

4 轻轻地用手着地。此为一次。立即过渡到下一个俯卧撑。按照你的训练计划重复至目标次数。

退阶动作变式

增强式跪姿俯卧撑

在步骤1中，做俯卧撑时双膝着地，之后按照上述步骤进行练习。

跳箱

增强式练习——包含了跳跃——很好地测试了一个人的爆发力、竞技能力和力量。这项常见的增强式练习可以发展下肢力量，增加心率，帮助你更快地塑造肌肉。

动作简介

器械

跳箱

主要肌群

髋部肌群、臀肌、腘绳肌

次要肌群

核心肌群、小腿肌群

注意

从跳箱上走下来，不要跳，以免脚踝承受压力过大。

1 站在跳箱或扁平长凳后面，两脚分开与肩同宽，手臂自然地放在身体两侧。

2 屈髋向后，双膝弯曲，做一个轻微的下蹲。向后摆动手臂以获得动力。

3 脚跟蹬地，跳到箱上，同时手臂向前摆动。

4 双脚平放在箱上，脚跟负重着地。弯曲双膝以缓冲落地的力量。

5 在箱上站起，然后小心地退到起始位置。此为一次。按照你的训练计划重复至目标次数。

弓步跳

在任何动作中增加一个跳跃动作都会立即增加强度并燃烧更多的热量。弓步跳可以在锻炼核心肌群的同时，激活腿部的所有肌肉。这个练习让你更强壮，提高你的稳定性和平衡性。

动作简介

器械

无

主要肌群

腿部肌群、髋部肌群

次要肌群

核心肌群

1 开始时左脚放在身体后方远处，形成弓步。双膝弯至90度，抬起左脚跟，用左脚尖着地。双肘弯曲，左臂在前，右臂在后。

2 两脚用力蹬地，尽可能往高处跳，同时在空中变换手臂和腿的位置。

3 以弓步着地，左脚在前，右脚在后。此为一次。继续跳跃并交替换腿，按照你的训练计划重复至目标次数。

双侧壶铃推举

这种锻炼被认为是上半身的一种力量训练，它能发展肩部的爆发力和力量。即使它看起来只锻炼了手臂，但把壶铃推到头顶的动作会让你整个身体也活跃起来。

动作简介

器械

壶铃

主要肌群

肩部肌群、背部肌群

次要肌群

核心肌群、肱二头肌、髋部肌群

1 双脚分开与髋同宽。两手各拿一个壶铃，把手放在锁骨下方。将壶铃放在前臂上，双肘分别向两侧伸出。吸气。

2 呼气，双膝微屈，收紧核心区。后缩肩胛骨，延长躯干。

3 后脚跟用力蹬地，双腿伸直，用肩部力量推举壶铃过头，掌心朝向天花板。然后回到起始姿势。此为一次。按照你的训练计划重复至目标次数。

深蹲跳

这种增强式下蹲可以增强腿部肌肉，强化核心肌群。因为深蹲跳高效且不需要器械，所以对任何力量训练都是一个完美的补充。它可以提高你的心率，燃烧大量的热量，锻炼肌肉以获得速度和力量。

动作简介

器械

无

主要肌群

臀肌、股四头肌

次要肌群

核心肌群、腘绳肌、小腿肌群

1 双脚分开与肩同宽，脚趾微微向外。吸气，臀部向后坐，屈膝，直到大腿近似平行于地面。双手交叉于胸前，保持核心区收紧。

2 呼气，脚跟发力，双腿伸直，完全跳离地面，同时手臂向后摆动以获得动力。

3 双臂向前摆动，双脚与肩同宽着地，脚趾向外。此为一次。接着立即过渡到下个深蹲，并且按照你的训练计划重复至目标次数。

杠铃借力推举

这种复合动作在着重训练肩部和手臂的同时还可以激活全身。由于使用腿来帮助推举，你能比过头的军事推举借助更多的力量。

动作简介

器械

杠铃

主要肌群

肩部肌群、背部肌群

次要肌群

核心肌群、肱三头肌

1 将杠铃放在略低于肩膀高度的架子上。双手抓住杠铃，握距略比肩宽，掌心朝上。伸直双腿，向前一步，把杠铃架起。双脚分开与肩同宽。杠铃置于锁骨位置。

2 髋部向后坐，弯曲双膝至微蹲。保持核心区收紧，吸气。

3 快速推举杠铃，同时呼气，通过脚跟用力蹬地来发力，伸直双腿站起，伸直手臂将杠铃推过头顶。保持膝盖放松。

4 以一种缓慢的、可控的方式，把杠铃降低到肩膀。此为一次。按照你的训练计划重复至目标次数。

单臂哑铃抓举

在这项动作中，你需要将哑铃提起离开地面并且举过头顶。这种进阶式复合动作可以提高全身的协调性和灵活性。确保哑铃的重量足够，能让你感觉到阻力。

动作简介

器械

哑铃

主要肌群

臀肌、髋部肌群、肩部肌群

次要肌群

大腿肌群、背部肌群、核心肌群

注意

不要过度伸展肘关节。

1 双脚分开与肩同宽。臀部向后坐，同时弯曲双膝，直到大腿与地面平行。用右手握住脚踝之间的哑铃。

2 快速有力地向前推臀部，站起并踮脚，在肘部的引导下，将哑铃拉至胸前。收紧核心区。

3 当哑铃到达肩膀时，利用步骤2的惯性来伸展手臂，将哑铃笔直向上推举。让脚跟回到地板上。

4 小心地放下哑铃，回到起始位置。此为一次。

5 用左臂做这个练习。此为另一次。可选择双侧交替或保持用一侧练习，按照你的训练计划重复至目标次数。

单臂壶铃翻举

这个练习中壶铃躺在锁骨上，这是许多壶铃练习的第一步。翻举动作可以在发展全身力量和髋部力量的同时，强健臀肌。

动作简介

器械

壶铃

主要肌群

臀肌、腘绳肌、髋部肌群

次要肌群

肩部肌群、核心肌群、背部肌群

1 双脚距离略大于肩宽。后移臀部，弯曲双膝，直到大腿与地面平行。右手握住放在脚踝之间的壶铃。

2 快速有力地向前推臀部，伸直双腿。利用惯性，将壶铃引导至右肩，保持壶铃靠近身体。

3 上提壶铃至右肩，让壶铃绕右手旋转。最后将壶铃放置在前臂和锁骨上，右肘靠近胸廓。

4 小心地放下壶铃，回到起始位置。此为一次。

5 用左臂做这个练习。此为另一次。可选择双侧交替或保持用一侧练习，按照你的训练计划重复至目标次数。

杠铃翻举

如果你渴望力量和竞技能力，你可以将这项奥林匹克运动作为你训练计划的主要内容。这种复杂的复合动作要求你将整个身体作为一个整体单元来发展能量。执行动作的过程中，不要犹豫，要有力、快速、流畅。

动作简介

器械

杠铃

主要肌群

腘绳肌、股四头肌、肩部肌群

次要肌群

前臂肌群、小腿肌群、核心肌群、肱三头肌

1 双脚分开与肩同宽，站在杠铃下，小腿擦着杠铃杆。双手握住杠铃，使前臂碰到大腿外侧。将臀部向后推，髋部像铰链一样向前折叠。双肩在杠铃正上方。

2 回缩肩胛骨，激活背部肌肉，收紧核心区。吸气，通过脚跟发力，伸直双腿站起。保持杠铃杆靠近腿部。

3 继续站起。当杠铃经过膝盖时，用力地伸展臀部、腿部和脚踝，踮脚，用脚趾支撑。将杠铃抬至腋窝高度，肩部向耳朵方向耸起，将双肘向上、向后拉起。

4 迅速蹲下，肩膀下沉至杠铃下，将双手和双肘旋转至杠铃下，抓住杠铃置于锁骨上。

5 脚跟快速发力站起来，把杠铃放在肩膀上。

6 把杠铃丢到地上。此为一次。按照你的训练计划重复至目标次数。

俄罗斯壶铃摇摆

在双腿之间摆动重物是锻炼髋部力量和臀部力量的好方法。练习这种爆发性臀部动作可以帮助你完成几乎其他所有的动作，这是一个快速塑造运动能力的方法。

动作简介

器械
壶铃

主要肌群
臀肌、腘绳肌、髋部肌群、肩部肌群

次要肌群
核心肌群、背部肌群

1 双脚分开略宽于肩，脚趾稍微向外偏。在身体前方约50厘米处放置一个壶铃。髋部屈曲，身体向前折叠，双膝弯曲，双手抓住壶铃的把手。

2 轻微伸膝，将壶铃摆动至两腿之间的后方。

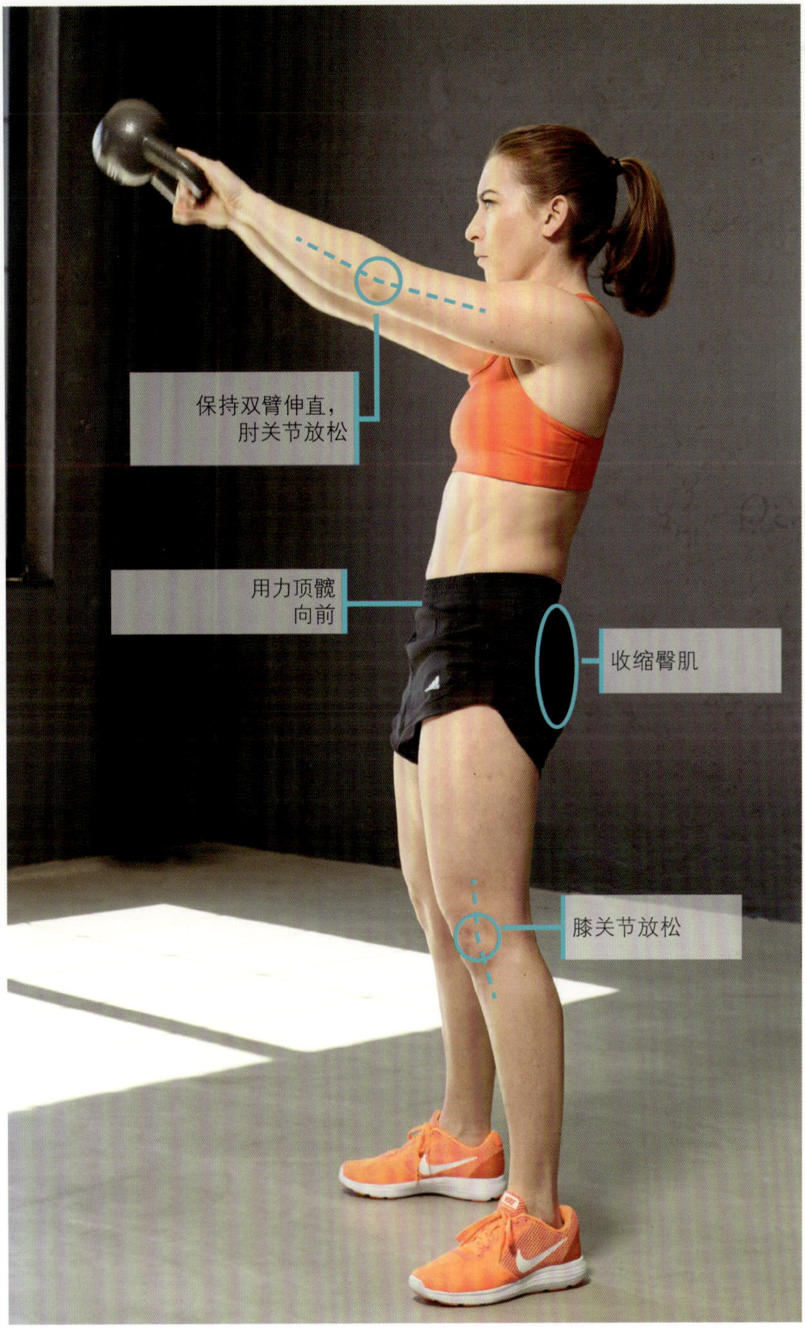

4 立即前倾身体，同时屈髋向后进入下一次。按照你的训练计划重复至目标次数。

3 用力地伸展双腿，快速挺髋，将壶铃荡到与眼睛平齐的高度。用臀肌和髋部发力而不是手臂。此为一次。

进阶动作变式

单臂俄罗斯壶铃摇摆

按照上述步骤练习，但一次只使用一只手臂。从较轻重量开始。多次重复时可以快速将壶铃从一只手换到另一只手，就像壶铃是浮动的一样。

壶铃风车步

将壶铃举过头顶，同时移动躯干，能募集核心区和髋部来稳定重量。壶铃风车步是一个很好的动作，可提高整个身体的稳定性和灵活性。

动作简介

器械

壶铃

主要肌群

肩部肌群、臀肌、核心肌群

次要肌群

腘绳肌、髋部肌群

1 双脚距离大于肩宽。左侧膝盖和脚尖指向外侧。保持右腿朝前。用右手握住壶铃的把手，竖直向上推举。

2 躯干向左腿上方前倾，髋部向后。左臂垂在左脚上方。保持右臂充分伸展。

小贴士

这是一个髋部折叠动作，核心区不要扭转，不要弯曲或下塌躯干。

3 继续向左腿上方前倾，直到躯干与地面平行。此时左侧臀部有拉伸感。吸气。

4 呼气，收缩臀肌，起身站立。此为一次。按照你的训练计划重复至目标次数。

5 换另一侧进行练习。按照你的训练计划重复至目标次数。

对墙扔球

将一个沉重的药球推到墙上是一项具有挑战性的、高能耗的练习，它可以测试你的投掷技巧和准确性，而这些往往是缺乏训练的。如果你深蹲并全力投掷，这项动作将会使你全身疲惫并发热，同时提高你从脚趾到指尖的灵活性。

动作简介

器械

药球

主要肌群

腿部肌群、臀肌、手臂肌群

次要肌群

核心肌群

1 面朝墙站立，双脚分开与肩同宽，脚趾微微向外偏。把药球放在胸前。

2 髋部向后，双膝弯曲，直到大腿与地面平行。保持身体重量在脚跟和髋部。

3 脚跟用力蹬地站起，并且把球扔到墙上3米高处。双手举过头顶完成弧形动作。

4 用双臂接球，把它收回胸前。立即进入下一次动作，按照你的训练计划重复至规定时间，不要让球落在胸部以下。

站姿药球下砸

将一个药球用力砸到地上是一种发展力量和释放攻击性的好方法。这项动作将改善肩膀的灵活性和增加力量，同时锻炼腹部和背部肌群。

动作简介

器械
药球

主要肌群
上背部肌群、肩部肌群

次要肌群
核心肌群、手臂肌群

1 双脚分开与肩同宽，脚趾微微向外偏。双手持球置于腹部。

2 前脚掌着地，将双臂伸过头顶。收紧核心区。

3 猛烈地把球扔到两腿之间的地板上。此为一次。拿回球，按照你的训练计划重复至目标次数。

退阶动作变式

跪姿药球下砸

按照上述步骤练习，但是跪着完成。保持髋部向前，臀部收紧。

哑铃深蹲推举

这是一个具有挑战性的多关节动作，动用到了你的整个身体。用其他自由重量器械代替杠铃——你将使用较少的阻力，但动作范围更大。

动作简介

器械

哑铃

主要肌群

股四头肌、腘绳肌、臀肌、肩部肌群、背部肌群

次要肌群

核心肌群

1 双脚分开与肩同宽，脚趾微微向外偏。两手各拿一个哑铃，与下巴同高，掌心向内。

2 吸气，收紧核心区，屈髋向后，双膝弯曲直到大腿与地面平行。保持臀肌和核心肌群收紧。

3 呼气，用力伸直双腿。利用这种惯性力和肩部力量推举哑铃过头。

4 将哑铃有控制地降低到起始位置。此为一次。按照你的训练计划重复至目标次数。

小贴士

不要做成两个动作。深蹲和推举应该是一个连贯的动作。

退阶动作变式

壶铃深蹲推举

按照上述步骤进行练习，但是使用一个壶铃。

杠铃深蹲推举

这是一个很好的练习，结合了上半身和下半身的力量训练，通过此练习你可以获得更强的力量和协调性。此动作从颈前深蹲变换到过头推举，在此过程中你需要从地面向上传递力量。注意保持动作流畅。

动作简介

器械

杠铃

主要肌群

股四头肌、腘绳肌、臀肌、肩部肌群、背部肌群

次要肌群

核心肌群

1 把杠铃放在架子上，高度略低于肩膀。抓住杠铃，双手距离略宽于肩，手心向上。伸直双腿，双脚向前移动以卸下架子上的杠铃。双脚与肩同宽。把杠铃杆放置在锁骨上。

2 吸气，收紧核心区，髋部向后，弯曲双膝，直到大腿与地面平行。

3 呼气，快速完成下列动作：用力向前顶髋，伸直双腿，利用惯性力和肩部肌肉发力推举杠铃过头。

4 缓慢地、有控制地把杠铃放低至肩膀。此为一次。按照你的训练计划重复至目标次数。

训练计划

一级

1~4周

这4周的训练计划为为期12周的训练打下基础，激活肌肉，为接下来更大重量、更高强度的训练做好准备。连续4周重复以下的周计划，具体的项目在接下来的内容中。每次训练都要记得加上热身与整理活动（p.26~29），当整个4周的计划结束之后，建议你进入下一个周期—— 一级5~8周。

周计划	
第1天	上肢——推
第2天	下肢——硬拉
第3天	休息
第4天	上肢——拉
第5天	下肢——蹲
第6天	休息
第7天	有氧

休息日：
在这个周期中，你每周有两个休息日。你可以在一周中灵活地安排休息日来调整你的计划。在训练中保持自律，对自己严格要求，休息才更有价值。休息日不意味着不运动，它只是不需要进行力量训练以及激烈的有氧运动的日子。你可以去上一堂瑜伽课或者出门散散心，总之保持运动就好！

有氧日：
在这一天里，你需要使用高强度间歇训练的形式进行训练，它能在短时间内消耗大量的热量。高强度间歇训练就是运用高强度的运动进行训练（比如冲刺）而在休息的时候进行低强度的运动（比如慢跑或走路）进行恢复，如此不断交替，循环往复。开始时可以在30秒的训练后进行90秒的休息，渐渐地可以进阶到30秒训练后进行60秒的间歇。

一级

第1天 上肢——推

以富有挑战性的上肢训练开始这一周的训练，重点关注那些手臂参与的推类动作。每一轮循环都包含一个燃烧腹肌的核心区训练。

超级组

以规定的重复次数或秒数连续进行练习，休息时间以及组数已经给出		
俯卧撑	8次	p.82
自重俄罗斯转体	16次	p.55
休息60秒		
每组重复2次，一共3组		

循环1

以规定的重复次数或秒数连续进行练习，休息时间以及轮数已经给出		
站姿哑铃肩部推举	8次	p.74
坐姿臂屈伸	8次	p.86
蝶式仰卧起坐	10次	p.38
休息60秒		
每轮重复2次，一共3轮		

循环2

站姿双侧哑铃肱二头肌弯举	10次	p.88
仰卧哑铃飞鸟	10次	p.76
高位平板支撑交替摸肩（双侧交替）	16次	p.46
休息60秒		
每轮重复2次，一共3轮		

第2天 下肢——硬拉

腿与髋是大部分运动的基础。今天的训练以一个闭链运动——硬拉开始，逐渐加入各种各样的训练来挑战你的心肺功能。

核心组

以轻重量的壶铃完成2个热身组。然后运用具有挑战性的重量开始3个正式组的训练（最后的2次重复会非常困难）		
壶铃硬拉（轻重量）	5次	p.113
休息60秒		
重复1次，共2组热身动作		
壶铃硬拉（大重量）	8次	p.113
休息90秒		
每组重复2次，一共3组		

循环1

以规定的重复次数或秒数连续进行练习，休息时间以及轮数已经给出		
自重深蹲	10次	p.93
哑铃跳箱踏步（单侧，不交替）	8次/侧	p.110
快速俯卧登山跑	30秒	p.56
休息60秒		
每轮重复2次，一共3轮		

循环2

壶铃单腿硬拉（单侧，不交替）	8次/侧	p.116
自重反向弓步蹲（双侧交替）	16次	p.107
深蹲跳	8次	p.128
休息60秒		
每轮重复2次，一共3轮		

第3天

休息

第4天 上肢——拉

强劲的背部肌群能确保你有一个优良的体态，正确的动作模式，也是力量的重要来源。这个训练除了关注背部肌群外，还有挑战全身力量的核心肌群练习。

超级组	以规定的重复次数或秒数连续进行练习，休息时间以及组数已经给出		
	吊环划船	8次	p.69
	跪姿药球下砸	10次	p.145
	休息60秒		
	每组重复2次，一共3组		

循环	以规定的重复次数或秒数连续进行练习，休息时间以及轮数已经给出		
	分腿支撑单臂划船（单侧，不交替）	8次/侧	p.62
	哑铃提拉	10次	p.68
	自重双手碰脚尖	12次	p.35
	休息60秒		
	每轮重复2次，一共3轮		

核心结尾动作	以规定的重复次数或秒数连续进行练习，休息时间以及轮数已经给出		
	平板壶铃横拉	10次	p.48
	侧平板支撑髋部下沉（单侧，不交替）	8次/侧	p.50
	蹬车式卷腹	16次	p.32
	休息45秒		
	每轮重复3次，一共4轮		

第5天 下肢——蹲

这是一周中最难的练习，但是不要担心，第6天是休息日。下肢的训练能使你的下肢充血，同时以核心肌群训练作为结尾动作，会让你感到精疲力竭。

超级组	以规定的重复次数或秒数连续进行练习，休息时间以及组数已经给出		
	壶铃高脚杯深蹲	8次	p.96
	前臂平板支撑	撑至力竭	p.45
	休息60秒		
	每组重复2次，一共3组		

循环	以规定的重复次数或秒数连续进行练习，休息时间以及轮数已经给出		
	哑铃罗马尼亚硬拉	10次	p.114
	自重反向弓步蹲（双侧交替）	16次	p.107
	弓步跳	20次	p.124
	休息60秒		
	每轮重复2次，一共3轮		

核心结尾动作	以规定的重复次数或秒数连续进行练习，休息时间以及轮数已经给出		
	慢速交叉式俯卧登山（双侧交替）	16次	p.58
	V字两头起	8次	p.36
	蹬车式卷腹	16次	p.32
	前臂平板支撑踏步（双侧交替）	16次	p.44
	休息45秒		
	每轮重复2次，一共3轮		

第6天

休息

第7天

有氧

ROGUE
ROGUE FITNESS

5~8周

这4周的训练中，负荷的增加主要靠延长训练时长。督促自己比上一个周期完成更多的重复次数。在这4周中重复以下的周计划，具体的项目在接下来的内容中。每次训练都要记得加上热身与整理活动（p.26~29），当整个4周的计划结束之后，建议你进入下一个周期—— 一级9~12周。

周计划	
第1天	上肢——推
第2天	下肢——单侧腿部练习
第3天	休息
第4天	上肢——拉
第5天	下肢——硬拉
第6天	休息
第7天	有氧

休息日：
在这个周期中，你每周有两个休息日。你可以在一周中灵活地安排休息日来调整你的计划。在训练中保持自律，对自己严格要求，休息才更有价值。休息日不意味着不运动，它只是不需要进行力量训练以及激烈的有氧运动的日子。你可以去上一堂瑜伽课或者出门散散心，总之保持运动就好！

有氧日：
在这一天里，你需要使用高强度间歇训练的形式进行训练，它能在短时间内消耗大量的热量。高强度间歇训练就是运用高强度的运动进行训练（比如冲刺）而在休息的时候进行低强度的运动（比如慢跑或走路）进行恢复，如此不断交替，循环往复。开始时可以在30秒的训练后进行60秒的休息，渐渐地可以进阶到30秒训练后进行30秒的间歇。你还可以在间歇中加入一些自重训练。例如，在跑步机上跑5分钟之后，可以进行30秒的平板支撑或者10个自重深蹲。

一级

第1天 上肢——推

从俯卧撑到前蹲，肩部的健康关系到整个上肢的运动表现。这些针对胸部与肩部的练习同时也能锻炼到整个上半身。

超级组1	以规定的重复次数或秒数连续进行练习，休息时间以及组数已经给出		
	双侧壶铃推举	8次	p.126
	V字两头起	30秒	p.36
	休息45秒		
	每组重复2次，一共3组		

超级组2	哑铃提拉	10次	p.68
	站姿哑铃阿诺德推举	10次	p.75
	休息60秒		
	每组重复2次，一共3组		

循环1	以规定的重复次数或秒数连续进行练习，休息时间以及轮数已经给出		
	T字俯卧撑（双侧交替）	30秒	p.84
	坐姿臂屈伸	12次	p.86
	高位平板支撑交替摸肩（双侧交替）	20次	p.46
	休息60秒		
	每轮重复2次，一共3轮		

循环2	仰卧哑铃飞鸟	10次	p.76
	单腿跪姿单侧壶铃推举（单侧，不交替）	10次/侧	p.72
	侧平板支撑手臂抱胸（单侧，不交替）	10次/侧	p.52
	休息60秒		
	每轮重复2次，一共3轮		

第2天 下肢——单侧腿部练习

今天的项目与单腿力量有关。这些要求你每次都要单腿完成的动作能加强中枢神经系统对身体的控制，提高身体的平衡性与稳定性。

超级组	以规定的重复次数或秒数连续进行练习，休息时间及组数已经给出		
	自重后足抬高单腿下蹲（单侧，不交替）	8次/侧	p.99
	蝶式仰卧起坐	30秒	p.38
	休息60秒		
	每组重复2次，一共3组		

循环1	以规定的重复次数或秒数连续进行练习，休息时间以及轮数已经给出		
	壶铃单腿硬拉（单侧，不交替）	8次/侧	p.116
	哑铃侧向弓步蹲（双侧交替）	20次	p.108
	弓步跳	30秒	p.124
	休息60秒		
	每轮重复2次，一共3轮		

循环2	哑铃罗马尼亚硬拉	10次	p.114
	壶铃高脚杯深蹲	10次	p.96
	慢速交叉式俯卧登山（双侧交替）	20次	p.58
	哑铃弓步走	60秒	p.104
	休息60秒		
	每轮重复2次，一共3轮		

第3天

休息

第4天 上肢——拉

今天的练习主要针对背部肌群、肱二头肌以及核心肌群。为了更高效地燃烧热量，你的动作速率要快，间歇时长要遵照计划。

超级组

以规定的重复次数或秒数连续进行练习，休息时间以及组数已经给出		
分腿支撑单臂划船（单侧，不交替）	8次/侧	p.62
慢速交叉式俯卧登山（双侧交替）	30秒	p.58
休息45秒		
每组重复2次，一共3组		

循环1

以规定的重复次数或秒数连续进行练习，休息时间以及轮数已经给出		
站姿双侧哑铃肱二头肌弯举	10次	p.88
哑铃俯卧划船（双侧交替）	16次	p.64
跪姿药球下砸	30秒	p.145
休息60秒		
每轮重复2次，一共3轮		

循环2

吊环划船	10次	p.69
平板壶铃横拉	10次	p.48
高位平板支撑交替摸肩（双侧交替）	20次	p.46
壶铃农夫行走	20步	p.60
波比跳	10次	p.118
休息60秒		
每轮重复3次，一共4轮		

第5天 下肢——硬拉

这些重点关注下肢的练习，要求你每次都要全力蹬地（想象你通过蹬地使力量从地面产生，向上传递，经过你的身体传递到负重上）。

核心组

以较轻的重量完成2组作为热身。然后以极具挑战性的重量开始3组正式组的练习（最后的2次重复会非常困难）		
屈腿硬拉（轻重量）	8次	p.112
休息60秒		
重复1次，共2组热身动作		
屈腿硬拉（大重量）	10次	p.112
休息90秒		
每组重复2次，一共3组		

循环1

以规定的重复次数或秒数连续进行练习，休息时间以及轮数已经给出		
壶铃高脚杯深蹲	10次	p.96
哑铃跳箱踏步（单侧，不交替）	8次/侧	p.110
前臂平板支撑踏步（双侧交替）	20次	p.44
休息60秒		
每轮重复2次，一共3轮		

循环2

壶铃单腿硬拉（单侧，不交替）	8次/侧	p.116
哑铃反向弓步蹲（双侧交替）	16次	p.106
跳箱	10次	p.122
休息60秒		
每轮重复2次，一共3轮		

第6天

休息

第7天

有氧

9~12周

在一级最后一个周期的训练中，每天都以一组极其考验心肺功能的训练动作结束，这种程度的代谢训练意味着你在离开健身房之后，也能长时间保持较高的热量消耗。这4周中重复以下的周计划，具体的项目在接下来的内容中。每次训练都要记得加上热身与整理活动（p.26~29），当整个4周的计划结束之后，建议你评估自己的健康状况，从而决定重复一级的训练还是进入二级的训练。

周计划	
第1天	上肢——推
第2天	下肢——硬拉
第3天	有氧
第4天	上肢——拉
第5天	下肢——蹲
第6天	休息
第7天	有氧

休息日：
在这个周期中，你每周有1个休息日。你可以在一周中灵活地安排休息日来调整你的计划。在训练中保持自律，对自己严格要求，休息才更有价值。休息日不意味着不运动，它只是不需要进行力量训练以及激烈的有氧运动的日子。你可以去上一堂瑜伽课或者出门散散心，总之保持运动就好！

有氧日：
在其中的一天里，你需要使用高强度间歇训练的形式进行训练，它能在短时间内消耗大量的热量。高强度间歇训练就是运用高强度的运动进行训练（比如冲刺）而在休息的时候进行低强度的运动（比如慢跑或走路）进行恢复，如此不断交替，循环往复。开始时可以在30秒的训练后进行60秒的休息，渐渐地可以进阶到30秒训练后进行30秒的间歇。你还可以在间歇中加入一些自重训练。例如，在跑步机上跑了5分钟之后，可以进行30秒的平板支撑或者10个自重深蹲。
而在另外一个有氧日中，你可以使用一些器械（例如划船机或者功率自行车），或是去户外慢跑。始终保持适度的强度和步幅节奏，并尽量全程都能保持住。

一级

第1天 上肢——推

以卧推开始练习，整天的训练都要保持训练强度。这些练习能让上半身很多具有推的功能的肌肉更强壮。

核心组

以较轻的重量完成1组作为热身，然后以极具挑战性的重量开始3组正式组的练习（最后的2次重复会非常困难）

杠铃卧推（轻重量）	6次	p.70
休息45秒		
不需要重复，只有1组热身动作		
杠铃卧推（大重量）	8~12次	p.70
至多休息2分钟		
每组重复2次，一共3组		

循环1

以规定的重复次数或秒数连续进行练习，休息时间以及轮数已经给出

仰卧哑铃飞鸟	12次	p.76
双侧壶铃推举	10次	p.126
T字俯卧撑（双侧交替）	10次	p.84
休息60秒		
每轮重复2次，一共3轮		

循环2

站姿双侧哑铃肱二头肌弯举	8次	p.88
坐姿臂屈伸	12次	p.86
高位平板支撑交替摸肩（双侧交替）	20次	p.46
休息60秒		
每轮重复2次，一共3轮		

供能系统结尾动作

递减组：连续完成这些动作，每重复一轮都比上一轮减少2次重复

俄罗斯壶铃摇摆	10（8，6，4，2）次	p.138
跪姿药球下砸	10（8，6，4，2）次	p.145
无间歇时间		
每轮重复4次，一共5轮		

第2天 下肢——硬拉

今天，硬拉与深蹲练习能让臀部肌群以及股后肌群受到极大的刺激。身体后侧链参与的拉类动作能使你显得更强壮，动作模式更加正确。

核心组

以较轻的重量完成2组作为热身，然后以富有挑战性的重量开始3组正式组的练习（最后的2次重复会非常困难）

屈腿硬拉（轻重量）	5次	p.112
休息60秒		
重复1次，共2组热身动作		
屈腿硬拉（大重量）	8次	p.112
至多休息2分钟		
每组重复2次，一共3组		

循环1

以规定的重复次数或秒数连续进行练习，休息时间以及轮数已经给出

哑铃相扑深蹲	10次	p.94
哑铃侧向弓步蹲（单侧，不交替）	10次/侧	p.108
快速俯卧登山跑	30秒	p.56
休息60秒		
每轮重复2次，一共3轮		

循环2

后足抬高单腿下蹲（单侧，不交替）	8次/侧	p.98
哑铃罗马尼亚硬拉	10次	p.114
深蹲跳	30秒	p.128
休息60秒		
每轮重复2次，一共3轮		

供能系统结尾动作

递减组：连续完成这些动作，每重复一轮都比上一轮减少3次重复

跳箱	15（12，9）次	p.122
俄罗斯壶铃摇摆	15（12，9）次	p.138
无间歇时间		
每轮重复2次，一共3轮		

第3天

有氧

第4天 上肢——拉

今天的练习主要关注上半身具有拉起身体的功能的肌肉，它们与第1天的练习相对应，使你的肌肉力量更平衡，打造更强健的上半身。

核心组

以较轻的重量完成1组作为热身，然后以富有挑战性的重量开始3组正式组的练习（最后的2次重复会非常困难）		
杠铃俯身划船（轻重量）	6次	p.66
休息45秒		
不需要重复，只有1组热身动作		
杠铃俯身划船（大重量）	8次	p.66
至多休息2分钟		
每组重复2次，一共3组		

循环1

以规定的重复次数或秒数连续进行练习，休息时间以及轮数已经给出		
吊环划船	12次	p.69
站姿双侧哑铃肱二头肌弯举	12次	p.88
平板壶铃横拉	10次	p.48
休息60秒		
每轮重复2次，一共3轮		

循环2

分腿支撑单臂划船（单侧，不交替）	10次/侧	p.62
双侧壶铃推举	8次	p.126
哑铃碰脚尖	10次	p.34
休息60秒		
每轮重复2次，一共3轮		

供能系统结尾动作

以规定的重复次数或秒数连续进行练习，休息时间以及轮数已经给出		
哑铃俯卧划船（双侧交替）	16次	p.64
单臂哑铃抓举（双侧交替）	16次	p.132
快速俯卧登山跑	30秒	p.56
波比跳	10次	p.118
休息45秒		
每轮重复3次，一共4轮		

第5天 下肢——蹲

今天几乎全都是蹲类的动作。它们能加强腿部以及下半身的力量、爆发力（功率输出）。将波比跳作为结束动作，能加速新陈代谢。

核心组

以较轻的重量完成2组作为热身，然后以富有挑战性的重量开始3组正式组的练习（最后的2次重复会非常困难）		
杠铃颈前深蹲（轻重量）	5次	p.90
休息45秒		
重复1次，共2组热身动作		
杠铃颈前深蹲（大重量）	8次	p.90
至多休息2分钟		
每组重复2次，一共3组		

循环1

以规定的重复次数或秒数连续进行练习，休息时间以及轮数已经给出		
哑铃相扑深蹲	10次	p.94
哑铃弓步走	20步	p.104
侧平板支撑髋部下沉（单侧，不交替）	10次/侧	p.50
休息60秒		
每轮重复2次，一共3轮		

循环2

壶铃高脚杯深蹲	10次	p.96
哑铃侧向弓步蹲（单侧，不交替）	10次/侧	p.108
深蹲跳	10次	p.128
休息60秒		
每轮重复2次，一共3轮		

供能系统结尾动作

5分钟时长的每分钟间隔式强化训练（EMOM）：用一块秒表计时，将5分钟分成5轮，每轮时长1分钟。在每分钟开始的时候按规定的重复次数进行训练，然后在此分钟的剩余时间休息		
波比跳	10次	p.118
利用每轮的剩余时间进行休息		
一共持续5分钟		

第6天

休息

第7天

有氧

二级

1~4周

在第二级的第一个周期中，大部分都是高重复次数的练习，它们能提高你的肌肉耐力，同时为之后的大重量训练做好准备。这4周中重复以下的周计划，具体的项目在接下来的内容中。每次训练都要记得加上热身与整理活动（p.26~29），当整个4周的计划结束之后，建议你进入下一个周期—— 二级5~8周。

周计划	
第1天	上肢——推
第2天	下肢——硬拉
第3天	休息
第4天	上肢——拉
第5天	下肢——蹲
第6天	休息
第7天	有氧

休息日：
在这个周期中，你每周有两个休息日。你可以在一周中灵活地安排休息日来调整你的计划。在训练中保持自律，对自己严格要求，休息才更有价值。休息日不意味着不运动，它只是不需要进行力量训练以及激烈的有氧运动的日子。你可以去上一堂瑜伽课或者出门散散心，总之保持运动就好！

有氧日：
在这一天里，你需要使用高强度间歇训练的形式进行训练，它能在短时间内消耗大量的热量。高强度间歇训练就是运用高强度的运动进行训练（比如冲刺）而在休息的时候进行低强度的运动（比如慢跑或走路）进行恢复，如此不断交替，循环往复。开始时可以在30秒的训练后进行60秒的休息，渐渐地可以进阶到30秒训练后进行30秒的间歇。

二级

第1天 上肢——推

以卧推这个能同时募集到整个上半身肌肉的动作开始二级的训练，在接下来的其他动作中则只针对特定的肌肉进行训练。

核心组 以较轻的重量完成2组作为热身，然后以富有挑战性的重量开始3组正式组的练习（最后的2次重复会非常困难）

杠铃卧推（轻重量）	5次	p.70
休息60秒		
重复1次，共2组热身动作		
杠铃卧推（大重量）	8~10次	p.70
至多休息2分钟		
每组重复2次，一共3组		

循环1 以规定的重复次数或秒数连续进行练习，休息时间以及轮数已经给出

俯卧撑	12次	p.82
坐姿臂屈伸	12次	p.86
药球俄罗斯转体	16次	p.54
休息60秒		
每轮重复2次，一共3轮		

循环2

仰卧哑铃飞鸟	12次	p.76
站姿哑铃肩部推举	12次	p.74
壶铃风车步（单侧，不交替）	12次/侧	p.140
休息60秒		
每轮重复2次，一共3轮		

核心结尾动作 以规定的重复次数或秒数连续进行练习，休息时间以及轮数已经给出

侧平板支撑手臂抱胸（单侧，不交替）	10次/侧	p.52
V字两头起	10次	p.36
高位平板支撑交替摸肩	20次	p.46
休息45秒		
每轮重复2次，一共3轮		

第2天 下肢——硬拉

训练下肢力量最好的方法之一，就是将重物从地面拿起来，也被称为硬拉。以下这些练习，包括硬拉在内，都能使下半身更加强健、有力。

核心组 以较轻的重量完成2组作为热身，然后以富有挑战性的重量开始3组正式组的练习（最后的两次重复会非常困难）

屈腿硬拉（轻重量）	5次	p.112
休息60秒		
重复1次，共2组热身动作		
屈腿硬拉（大重量）	8~10次	p.112
至多休息2分钟		
每组重复2次，一共3组		

超级组 以规定的重复次数或秒数连续进行练习，休息时间以及组数已经给出

哑铃反向弓步蹲（双侧交替）	24次	p.106
弓步跳	12次	p.124
休息45秒		
每组重复2次，一共3组		

循环1 以规定的重复次数或秒数连续进行练习，休息时间以及轮数已经给出

哑铃相扑深蹲	12次	p.94
单臂壶铃翻举（双侧交替）	20次	p.134
前臂平板支撑	30秒	p.45
休息60秒		
每轮重复2次，一共3轮		

循环2

壶铃单腿硬拉（单侧，不交替）	12次/侧	p.116
哑铃侧向弓步蹲（双侧交替）	20次	p.108
快速俯卧登山跑	30秒	p.56
休息60秒		
每轮重复2次，一共3轮		

第3天

休息

第4天 上肢——拉

运用杠铃进行背部的练习，除了能锻炼上半身以外，还能提高核心区力量。第一个超级组中的药球练习能募集你的肌纤维，这样你就能变得更快、更强。

核心组	以较轻的重量完成1组作为热身，然后以富有挑战性的重量开始3组正式组的练习（最后的2次重复会非常困难）		
	杠铃俯身划船（轻重量）	6次	p.66
	休息60秒		
	不需要重复，只有1组热身动作		
	杠铃俯身划船（大重量）	8~10次	p.66
	至多休息2分钟		
	每组重复2次，共3组		

超级组1	以规定的重复次数或秒数连续进行练习，休息时间以及组数已经给出		
	引体向上	12次	p.80
	跪姿药球下砸	12次	p.145
	休息60秒		
	每组重复2次，一共3组		

超级组2	站姿双侧哑铃肱二头肌弯举	12次	p.88
	哑铃俯卧划船（双侧交替）	20次	p.64
	休息60秒		
	每组重复2次，一共3组		

核心结尾动作	在每次循环中以规定的重复次数或秒数连续进行练习，休息时间以及轮数已经给出		
	平板壶铃横拉	10次	p.48
	侧平板支撑髋部下沉（单侧，不交替）	12次/侧	p.50
	蹬车式卷腹	20次	p.32
	休息45秒		
	每轮重复2次，一共3轮		

第5天 下肢——蹲

这些包含深蹲、硬拉、弓步蹲在内的循环着力打造你的腿部，你会感受到刺激。以有氧运动为结尾动作会让你精疲力竭地、满足地离开健身房。

核心组	以较轻的重量完成2组作为热身，然后以富有挑战性的重量开始3组正式组的练习（最后的2次重复会非常困难）		
	杠铃颈后深蹲（轻重量）	5次	p.92
	休息60秒		
	重复1次，共2组热身动作		
	杠铃颈后深蹲（大重量）	8~10次	p.92
	至多休息2分钟		
	每组重复2次，一共3组		

超级组1	以规定的重复次数或秒数连续进行练习，休息时间以及组数已经给出		
	杠铃早安式	12次	p.100
	哑铃侧向弓步蹲（双侧交替）	20次	p.108
	休息60秒		
	每组重复2次，一共3组		

超级组2	哑铃罗马尼亚硬拉	10次	p.114
	哑铃跳箱踏步（单侧，不交替）	10次/侧	p.110
	休息60秒		
	每组重复2次，一共3组		

供能系统结尾动作	在每次循环中以规定的重复次数或秒数连续进行练习，休息时间以及轮数已经给出		
	跳箱	10次	p.122
	前臂平板支撑踏步（双侧交替）	20次	p.44
	快速俯卧登山跑	30秒	p.56
	波比跳	10次	p.118
	休息45秒		
	每轮重复3次，一共4轮		

第6天

休息

第7天

有氧

5~8周

这一个周期的训练包含比上一个更多的有氧运动，它有助于燃烧我们体内的脂肪。而剩下的一些递减组则有利于肌肉围度的增加，但这也就意味着你需要在训练中不断挑战新的重量。4周中重复以下的周计划，具体的项目在接下来的内容中。每次训练都要记得加上热身与整理活动（p.26~29），当整个4周的计划结束之后，建议你进入下一个周期——二级 9~12周。

周计划	
第1天	上肢——推
第2天	下肢——硬拉
第3天	有氧
第4天	上肢——拉
第5天	下肢——蹲
第6天	休息
第7天	有氧

休息日：
在这个周期中，你每周有1个休息日。你可以在一周中灵活地安排休息日来调整你的计划。在训练中保持自律，对自己严格要求，休息才更有价值。休息日不意味着不运动，它只是不需要进行力量训练以及激烈的有氧运动的日子。你可以去上一堂瑜伽课或者出门散散心，总之保持运动就好！

有氧日：
在其中一天里，你需要使用高强度间歇训练的形式进行训练，它能在短时间内消耗大量的热量。高强度间歇训练就是运用高强度的运动进行训练（比如冲刺）而在休息的时候进行低强度的运动（比如慢跑或走路）进行恢复，如此不断交替，循环往复。开始时可以在30秒的训练后进行60秒的休息，渐渐地可以进阶到30秒训练后进行30秒的间歇。
而在其他有氧日中，你可以使用一些器械（例如划船机或者功率自行车），或是去户外慢跑。始终保持适度的强度和步幅节奏，并尽量全程都能保持住。

二级

第1天 上肢——推

在今天训练的第1个循环中，你要使用全身的力量而不单单是手臂与肩部。剩下的循环将会全方位打造你的手臂。

核心组

以较轻的重量完成2组作为热身，然后以富有挑战性的重量开始3组正式组的练习（最后的2次重复会非常困难）		
杠铃过头推举（轻重量）	5次	p.78
休息60秒		
重复1次，共2组热身动作		
杠铃过头推举（大重量）	8~10次	p.78
至多休息2分钟		
每组重复2次，一共3组		

超级组

以规定的重复次数或秒数连续进行练习，休息时间以及组数已经给出		
T字俯卧撑（双侧交替）	10次	p.84
V字两头起	10次	p.36
休息45秒		
每组重复2次，一共3组		

循环1

以规定的重复次数或秒数连续进行练习，休息时间以及轮数已经给出		
站姿哑铃阿诺德推举	10次	p.75
坐姿臂屈伸	10次	p.86
壶铃风车步（单侧，不交替）	10次/侧	p.140
休息60秒		
每轮重复2次，一共3轮		

循环2

仰卧哑铃飞鸟	10次	p.76
单臂壶铃仰卧起坐（单侧，不交替）	10次/侧	p.40
哑铃深蹲推举	30秒	p.146
高位平板支撑交替摸肩（双侧交替）	20次	p.46
休息60秒		
每轮重复2次，一共3轮		

第2天 下肢——硬拉

在这个周期中，硬拉的重复次数减少了，也就是说与过去的4周相比，你要使用更大的重量，为了明显的肌肉线条，挑战自己的极限吧！

核心组

以较轻的重量完成2组作为热身，然后以富有挑战性的重量开始3组正式组的练习（最后的2次重复会非常困难）		
屈腿硬拉（轻重量）	4次	p.112
休息60秒		
重复1次，共2组热身动作		
屈腿硬拉（大重量）	6~8次	p.112
至多休息2分钟		
每组重复2次，一共3组		

超级组

以规定的重复次数或秒数连续进行练习，休息时间以及组数已经给出		
杠铃臀桥	8次	p.102
哑铃罗马尼亚硬拉	10次	p.114
休息45秒		
每组重复2次，一共3组		

循环

以规定的重复次数或秒数连续进行练习，休息时间以及轮数已经给出		
后足抬高单腿下蹲（单侧，不交替）	8次/侧	p.98
哑铃侧向弓步蹲（双侧交替）	20次	p.108
深蹲跳	10次	p.128
休息60秒		
每轮重复2次，一共3轮		

供能系统结尾动作

以规定的重复次数或秒数连续进行练习，休息时间以及轮数已经给出		
杠铃翻举	8次	p.136
俄罗斯壶铃摇摆	10次	p.138
跳箱	10次	p.122
前臂平板支撑	30秒	p.45
休息30秒		
每轮重复2次，一共3轮		

第3天

有氧

第4天 上肢——拉

运用杠铃进行背部训练，对整个上半身以及核心区力量都有极大的帮助。但一定要记住，在每一次重复中都要控制身体使用最完美的技术完成动作。

核心组 以较轻的重量完成2组作为热身，然后以富有挑战性的重量开始3组正式组的练习（最后的2次重复会非常困难）

杠铃俯身划船（轻重量）	6次	p.66
休息60秒		
重复1次，共2组热身动作		
杠铃俯身划船（大重量）	6~8次	p.66
至多休息2分钟		
每组重复2次，一共3组		

超级组 以规定的重复次数或秒数连续进行练习，休息时间以及组数已经给出

分腿支撑单臂划船（单侧，不交替）	8~10次/侧	p.62
站姿药球下砸	12次	p.144
休息45秒		
每组重复2次，一共3组		

循环1 以规定的重复次数或秒数连续进行练习，休息时间以及轮数已经给出

站姿双侧哑铃肱二头肌弯举	10次	p.88
哑铃提拉	10次	p.68
慢速交叉式俯卧登山（双侧交替）	20次	p.58
休息60秒		
每轮重复2次，一共3轮		

循环2

反手抓握引体向上	10次	p.81
哑铃俯卧划船（双侧交替）	20次	p.64
壶铃农夫行走	30步	p.60
波比跳	10次	p.118
休息60秒		
每轮重复2次，一共3轮		

第5天 下肢——蹲

与上一个周期中的蹲类动作相比，今天的训练中只有深蹲以及弓步蹲。这一次在核心组中以杠铃前蹲为主，所以你需要使用轻一些的负重。

核心组 以较轻的重量完成2组作为热身，然后以富有挑战性的重量开始3组正式组的练习（最后的2次重复会非常困难）

杠铃颈前深蹲（轻重量）	5次	p.90
休息60秒		
重复1次，共2组热身动作		
杠铃颈前深蹲（大重量）	6~8次	p.90
至多休息2分钟		
每组重复2次，一共3组		

循环 以规定的重复次数或秒数连续进行练习，休息时间以及轮数已经给出

壶铃单腿硬拉（单侧，不交替）	10次/侧	p.116
哑铃相扑深蹲	12次	p.94
深蹲跳	10次	p.128
休息60秒		
每轮重复2次，一共3轮		

超级组 以规定的重复次数或秒数连续进行练习，休息时间以及组数已经给出

哑铃弓步走	20步	p.104
弓步跳	20次	p.124
休息60秒		
每组重复2次，一共3组		

供能系统结尾动作 递增组：每重复一轮都比上一轮增加2次重复

俄罗斯壶铃摇摆	2（4，6，8，10）次	p.138
波比跳	2（4，6，8，10）次	p.118
无间歇时间		
每轮重复4次，一共5轮		

第6天 休息

第7天 有氧

15

9~12周

在二级的最后一个周期的训练中，你的核心组只需要进行5次重复，所以要确保你用的是你能完成的最大重量。然而，在其他循环和超级组中，重复次数较上个周期增加了，这样才能确保你的身体保持减脂的状态。这4周中重复以下的周计划，具体的项目在接下来的内容中。每次训练都要记得加上热身与整理活动（p.26~29），当整个4周的计划结束之后，建议你进入三级的训练。

周计划	
第1天	上肢——推
第2天	下肢——硬拉
第3天	有氧
第4天	上肢——拉
第5天	下肢——蹲
第6天	休息
第7天	有氧

休息日：
在这个周期中，你每周只有1个休息日。你可以在一周中灵活地安排休息日来调整你的计划。在训练中保持自律，对自己严格要求，休息才更有价值。休息日不意味着不运动，它只是不需要进行力量训练以及激烈的有氧运动的日子。你可以去上一堂瑜伽课或者出门散散心，总之保持运动就好！

有氧日：
在其中一天里，你需要使用高强度间歇训练的形式进行训练，它能在短时间内消耗大量的热量。高强度间歇训练就是运用高强度的运动进行训练（比如冲刺）而在休息的时候进行低强度的运动（比如慢跑或走路）进行恢复，如此不断交替，循环往复。开始时可以在30秒的训练后进行60秒的休息，渐渐地可以进阶到30秒训练后进行30秒的间歇。你还可以在间歇中加入一些自重训练。例如，在跑步机上跑了5分钟之后，可以进行30秒的平板支撑或者10个自重深蹲。
而在其他有氧日中，你可以使用一些器械（例如划船机或者功率自行车），或是去户外慢跑。始终保持适度的强度和步幅节奏，并尽量全程都能保持住。

二级

第1天 上肢——推

在核心组中，每个动作你只需要重复5次，因此你要使用比之前更重的重量。在两个核心组之间要得到充分的休息，但在剩下的训练中，要尽量使用最短的间歇时间。

核心组	以较轻的重量完成2组作为热身，然后以富有挑战性的重量开始5组正式组的练习（最后的2次重复会非常困难）		
	杠铃卧推（轻重量）	5次	p.70
	休息60秒		
	重复1次，共2组热身动作		
	杠铃卧推（大重量）	5次	p.70
	至多休息2分钟		
	每组重复4次，一共5组		

超级组	以规定的重复次数或秒数连续进行练习，休息时间以及组数已经给出		
	杠铃借力推举	10次	p.130
	仰卧哑铃飞鸟	12次	p.76
	休息45秒		
	每组重复2次，一共3组		

循环	以规定的重复次数或秒数连续进行练习，休息时间以及轮数已经给出		
	站姿双侧哑铃肱二头肌弯举	8次	p.88
	站姿哑铃阿诺德推举	15次	p.75
	坐姿臂屈伸	12次	p.86
	侧平板支撑手臂抱胸（单侧，不交替）	12次/侧	p.52
	休息60秒		
	每轮重复2次，一共3轮		

供能系统结尾动作	递减组：每重复一轮都比上一轮减少2次重复		
	俄罗斯壶铃摇摆	12（10，8，6，4，2）次	p.138
	站姿药球下砸	12（10，8，6，4，2）次	p.144
	波比跳	12（10，8，6，4，2）次	p.118
	无间歇时间		
	每轮重复5次，一共6轮		

第2天 下肢——硬拉

现在这个阶段，你已经形成了非常好的动作模式，所以在今天的练习中使用最大重量进行训练。这样在每一轮循环中，你的臀肌与股后肌群都会受到极大刺激。

核心组	以较轻的重量完成2组作为热身，然后以富有挑战性的重量开始5组正式组的练习（最后的2次重复会非常困难）		
	屈腿硬拉（轻重量）	3~5次	p.112
	休息60秒		
	重复1次，共2组热身动作		
	屈腿硬拉（大重量）	5次	p.112
	至多休息2分钟		
	每组重复4次，一共5组		

循环1	以规定的重复次数或秒数连续进行练习，休息时间以及轮数已经给出		
	壶铃单腿硬拉（单侧，不交替）	10次/侧	p.116
	哑铃侧向弓步蹲（单侧，不交替）	10次/侧	p.108
	快速俯卧登山跑	30秒	p.56
	休息60秒		
	每轮重复2次，一共3轮		

循环2			
	杠铃臀桥	15次	p.102
	哑铃罗马尼亚硬拉	15次	p.114
	深蹲跳	30秒	p.128
	休息60秒		
	每轮重复2次，一共3轮		

供能系统结尾动作	递减组：每重复一轮都比上一轮减少6次重复		
	跳箱	15（9，3）次	p.122
	俄罗斯壶铃摇摆	15（9，3）次	p.138
	无间歇时间		
	每轮重复2次，一共3轮		

第3天

有氧

第4天 上肢——拉

今天的练习运用复杂的动作来挑战你背部与肩部的肌群，最后一组练习是最具有挑战性的，你的身体与心理都需要做好准备。

核心组

以较轻的重量完成2组作为热身，然后以富有挑战性的重量开始5组正式组的练习（最后的2次重复会非常困难）

杠铃俯身划船（轻重量）	5次	p.66
休息60秒		
重复1次，共2组热身动作		
杠铃俯身划船（大重量）	5次	p.66
至多休息2分钟		
每组重复4次，一共5组		

循环1

以规定的重复次数或秒数连续进行练习，休息时间以及轮数已经给出

引体向上	15次	p.80
站姿双侧哑铃肱二头肌弯举	15次	p.88
平板壶铃横拉	30秒	p.48
休息60秒		
每轮重复2次，一共3轮		

循环2

分腿支撑单臂划船（单侧，不交替）	15次/侧	p.62
双侧壶铃推举	8次	p.126
单臂哑铃抓举（单侧，不交替）	10次/侧	p.132
休息60秒		
每轮重复2次，一共3轮		

供能系统结尾动作

以规定的重复次数或秒数连续进行练习，休息时间以及轮数已经给出

哑铃俯卧划船（双侧交替）	10次	p.64
俯卧撑	10次	p.82
快速俯卧登山跑	30秒	p.56
波比跳	10次	p.118
休息45秒		
每轮重复3次，一共4轮		

第5天 下肢——蹲

低重复次数意味着在核心组中，你要使用最大重量进行训练。每一个循环都会使你的双腿力竭，同时为了产生大量的热量消耗，将以增强式训练作为今天的结尾动作。

核心组

以较轻的重量完成2组作为热身，然后以富有挑战性的重量开始5组正式组的练习（最后的2次重复会非常困难）

杠铃颈后深蹲（轻重量）	3~5次	p.92
休息60秒		
重复1次，共2组热身动作		
杠铃颈后深蹲（大重量）	5次	p.92
至多休息2分钟		
每组重复4次，一共5组		

超级组

以规定的重复次数或秒数连续进行练习，休息时间以及组数已经给出

后足抬高单腿下蹲（单侧，不交替）	8次/侧	p.98
前臂平板支撑	30秒	p.45
休息60秒		
每组重复2次，一共3组		

循环1

以规定的重复次数或秒数连续进行练习，休息时间以及轮数已经给出

哑铃相扑深蹲	10次	p.94
哑铃弓步走	12步	p.104
蝶式仰卧起坐	10次	p.38
休息60秒		
每轮重复2次，一共3轮		

循环2

杠铃翻举	8次	p.136
俄罗斯壶铃摇摆	10次	p.138
深蹲跳	10次	p.128
休息60秒		
每轮重复3次，一共4轮		

供能系统结尾动作

5分钟时长的每分钟间隔式强化训练（EMOM）：用一块秒表计时，将5分钟分成5轮，每轮时长1分钟。在每分钟开始的时候按规定的重复次数进行训练，然后在此分钟的剩余时间休息

跳箱	10次	p.122
波比跳	5次	p.118
利用每轮的剩余时间进行休息		
一共持续5分钟		

第6天

休息

第7天

有氧

三级

1～4周

把重点放在基础技能上，1～4周这一阶段能让你在接下来的几周内开始举起非常重的重量。你的每一个核心组都要用到杠铃，所以要确保有足够的休息时间，这样你才能在每一次重复前保持精力充沛。4周中重复以下的周计划，具体的项目在接下来的内容中。每次训练都要记得加上热身与整理活动（p.26~29），当整个4周的计划结束之后，建议你进入下一个周期——三级 5~8周。

周计划	
第1天	上肢——推
第2天	下肢——硬拉
第3天	有氧
第4天	上肢——拉
第5天	下肢——蹲
第6天	休息
第7天	有氧

休息日：
在这个周期中，每周你会有1个休息日。你可以在一周中灵活地安排休息日来调整你的计划。记住一点，在训练中保持自律，对自己严格要求，休息才更有价值。休息日不意味着不运动，它只是不需要进行力量训练以及激烈的有氧运动的日子。你可以选择去上瑜伽课或者去散步，总之保持运动就好！

有氧日：
在其中一天里，你需要使用高强度间歇训练的形式进行训练，它能在短时间内消耗大量的热量。高强度间歇训练就是运用高强度的运动进行训练（比如冲刺）而在休息的时候进行低强度的运动（比如慢跑或走路）进行恢复，如此不断交替，循环往复。开始时可以在30秒的训练后进行60秒的休息，渐渐地可以进阶到30秒训练后进行30秒的间歇。你还可以在间歇中加入一些自重训练。例如，在跑步机上跑了5分钟之后，可以进行30秒的平板支撑或者10个自重深蹲。
而在其他有氧日中，你可以使用一些器械（例如划船机或者功率自行车），或是去户外慢跑。始终保持适度的强度和步幅节奏，并尽量全程都能保持住。

三级

第1天 上肢——推

今天的训练专注于上肢推举参与肌群：胸部、肩部和手臂肌群。尽可能快地完成超级组训练以达到训练的最大效率。

核心组：以较轻的重量完成2组作为热身，然后以富有挑战性的重量开始3组正式组的练习（最后的2次重复会非常困难）

杠铃卧推（轻重量）	5次	p.70
休息60秒		
重复1次，共2组热身动作		
杠铃卧推（大重量）	8~10次	p.70
至多休息2分钟		
每组重复2次，一共3组		

超级组1：以规定的重复次或秒数连续进行练习，休息时间以及组数已经给出

下沉式俯卧撑	5次	p.83
药球俄罗斯转体	16次	p.54
休息45秒		
每组重复2次，一共3组		

超级组2

仰卧哑铃飞鸟	12次	p.76
站姿哑铃肩部推举	12次	p.74
休息45秒		
每组重复2次，一共3组		

超级组3

坐姿臂屈伸	12次	p.86
单腿跪姿单侧壶铃推举（单侧，不交替）	10次/侧	p.72
休息45秒		
每组重复2次，一共3组		

核心结尾动作：以规定的重复次数或秒数连续进行练习，休息时间以及轮数已经给出

侧平板支撑手臂抱胸（单侧，不交替）	12次/侧	p.52
V字两头起	15次	p.36
高位平板支撑交替摸肩（双侧交替）	20次	p.46
休息30秒		
每轮重复2次，一共3轮		

第2天 下肢——硬拉

先以硬拉来开启你下肢的肌肉力量训练。然后坚持完成接下来的训练来使你的臀肌、股后肌群和股四头肌完全力竭。

核心组：以较轻的重量完成2组作为热身，然后以富有挑战性的重量开始3组正式组的练习（最后的2次重复会非常困难）

屈腿硬拉（轻重量）	5次	p.112
休息60秒		
重复1次，共2组热身动作		
屈腿硬拉（大重量）	8~10次	p.112
至多休息2分钟		
每组重复2次，一共3组		

超级组1：以规定的重复次数或秒数连续进行练习，休息时间以及组数已经给出

哑铃反向弓步蹲（双侧交替）	24次	p.106
弓步跳	20次	p.124
休息45秒		
每组重复2次，一共3组		

超级组2

哑铃相扑深蹲	24次	p.94
单臂壶铃翻举（单侧，不交替）	10次/侧	p.134
休息45秒		
每组重复2次，一共3组		

循环：以规定的重复次数或秒数连续进行练习，休息时间以及轮数已经给出

壶铃单腿硬拉（单侧，不交替）	12次/侧	p.116
哑铃侧向弓步蹲（双侧交替）	20次	p.108
快速俯卧登山跑	30秒	p.56
休息30秒		
每轮重复2次，一共3轮		

第3天

有氧

第4天 上肢——拉

这次的训练会充分挑战你上半身具有拉起身体功能的肌群的能力。同时为了改善你的体型、提高你的稳定性，最后以一组核心肌群的训练来结束一天的训练。

核心组

以较轻的重量完成1组作为热身，然后以富有挑战性的重量开始3组正式组的练习（最后的2次重复会非常困难）		
杠铃俯身划船（轻重量）	6次	p.66
休息60秒		
不需要重复，只有1组热身动作		
杠铃俯身划船（大重量）	10~12次	p.66
至多休息2分钟		
每组重复2次，一共3组		

超级组1

以规定的重复次数或秒数连续进行练习，休息时间以及组数已经给出		
引体向上	12次	p.80
跪姿药球下砸	12次	p.145
休息45秒		
每组重复2次，一共3组		

超级组2

站姿双侧哑铃肱二头肌弯举	12次	p.88
哑铃俯卧划船（双侧交替）	24次	p.64
休息45秒		
每组重复2次，一共3组		

超级组3

分腿支撑单臂划船（单侧，不交替）	12次/侧	p.62
哑铃提拉	12次	p.68
休息45秒		
每组重复2次，一共3组		

核心结尾动作

以规定的重复次数或秒数连续进行练习，休息时间以及轮数已经给出		
平板壶铃横拉	10次	p.48
侧平板支撑髋部下沉（单侧，不交替）	12次/侧	p.50
蹬车式卷腹	20次	p.32
休息30秒		
每轮重复2次，一共3轮		

第5天 下肢——蹲

今天的下肢训练将会激活你的身体后链——背部肌群，同时也将发展你腿部整体的肌力。

核心组

以较轻的重量完成2组作为热身，然后以富有挑战性的重量开始3组正式组的练习（最后的2次重复会非常困难）		
杠铃颈后深蹲（轻重量）	5次	p.92
休息60秒		
重复1次，共2组热身动作		
杠铃颈后深蹲（大重量）	8~10次	p.92
至多休息2分钟		
每组重复2次，一共3组		

超级组

以规定的重复次数或秒数连续进行练习，休息时间以及组数已经给出		
杠铃早安式	12次	p.100
哑铃侧向弓步蹲（双侧交替）	20次	p.108
休息45秒		
每组重复2次，一共3组		

循环

以规定的重复次数或秒数连续进行练习，休息时间以及轮数已经给出		
哑铃罗马尼亚硬拉	12次	p.114
哑铃跳箱踏步（单侧，不交替）	10次/侧	p.110
俄罗斯壶铃摇摆	10次	p.138
休息60秒		
每轮重复2次，一共3轮		

核心结尾动作

以规定的重复次数或秒数连续进行练习，休息时间以及轮数已经给出		
前臂平板支撑踏步（双侧交替）	20次	p.44
快速俯卧登山跑	30秒	p.56
波比跳	10次	p.118
休息30秒		
每轮重复3次，一共4轮		

第6天

休息

第7天

有氧

5~8周

在三级的第2个周期中，你将使用大强度抗阻练习和一组组的循环训练来帮助你燃烧脂肪，塑造肌肉线条。在有氧运动的过程中，让自己更加努力，让每一次训练都有价值。4周中重复以下的周计划，具体的项目在接下来的内容中。每次训练都要记得加上热身与整理活动（p.26~29），当整个4周的计划结束之后，建议你进入下一个周期——三级 9~12周。

周计划	
第1天	上肢——推
第2天	下肢——硬拉
第3天	有氧
第4天	上肢——拉
第5天	下肢——蹲
第6天	休息
第7天	有氧

休息日：
在这一阶段，每周你会有1个休息日。你可以在一周中灵活地安排休息日来调整你的计划。记住一点，在训练中保持自律，对自己严格要求，休息才更有价值。休息日不意味着不运动，它只是不需要进行力量训练以及激烈的有氧运动的日子。你可以选择去上瑜伽课或者去散步，总之保持运动就好！

有氧日：
在其中一天里，你需要使用高强度间歇训练的形式进行训练，它能在短时间内消耗大量的热量。高强度间歇训练就是运用高强度的运动进行训练（比如冲刺）而在休息的时候进行低强度的运动（比如慢跑或走路）进行恢复，如此不断交替，循环往复。开始时可以在30秒的训练后进行60秒的休息，渐渐地可以进阶到30秒训练后进行30秒的间歇。你还可以在间歇中加入一些自重训练。例如，在跑步机上跑了5分钟之后，可以进行30秒的平板支撑或者10个自重深蹲。
而在其他的有氧日中，你可以使用一些器械（例如划船机或者功率自行车），或是去户外慢跑。始终保持适度的强度和步幅节奏，并尽量全程都能保持住。

第1天 上肢——推

今天的重点是你肩部核心组中的动作——过顶推举。推举哑铃时你的全身都要参与到身体的稳定中。同时要保持接下来训练的强度。

核心组：以较轻的重量完成1组作为热身，然后以富有挑战性的重量开始3组正式组的练习（最后的2次重复会非常困难）

杠铃过头推举（轻重量）	6次	p.78
休息60秒		
不需要重复，只有1组热身动作		
杠铃过头推举（大重量）	8~10次	p.78
至多休息2分钟		
每组重复2次，一共3组		

超级组：以规定的重复次数或秒数连续进行练习，休息时间以及组数已经给出

增强式俯卧撑	8~10次	p.120
V字两头起	10次	p.36
休息45秒		
每组重复2次，一共3组		

循环1：以规定的重复次数或秒数连续进行练习，休息时间以及轮数已经给出

坐姿臂屈伸	10次	p.86
壶铃风车步（单侧，不交替）	8~10次/侧	p.140
跪式俯身吊环前伸	10次	p.42
休息45秒		
每轮重复2次，一共3轮		

循环2

仰卧哑铃飞鸟	10次	p.76
哑铃提拉	10次	p.68
单臂哑铃抓举（单侧，不交替）	10次/侧	p.132
休息45秒		
每轮重复2次，一共3轮		

循环3

双侧壶铃推举	10次	p.126
侧平板支撑手臂抱胸（单侧，不交替）	10次/侧	p.52
高位平板支撑交替摸肩（双侧交替）	20次	p.46
休息30秒		
每轮重复2次，一共3轮		

第2天 下肢——硬拉

相较上一阶段，这一阶段你硬拉的重复次数有所下降，因此可以给杠铃增加重量。接下来的每组训练都保持着同样的强度，看看最后的成效如何吧！

核心组：以较轻的重量完成2组作为热身，然后以富有挑战性的重量开始3组正式组的练习（最后的2次重复会非常困难）

屈腿硬拉（轻重量）	4次	p.112
休息60秒		
重复1次，共2组热身动作		
屈腿硬拉（大重量）	6~8次	p.112
至多休息2分钟		
每组重复2次，一共3组		

循环1：以规定的重复次数或秒数连续进行练习，休息时间以及轮数已经给出

杠铃臀桥	8次	p.102
哑铃侧向弓步蹲（双侧交替）	16次	p.108
前臂平板支撑踏步（双侧交替）	20次	p.44
休息45秒		
每轮重复2次，一共3轮		

循环2

后足抬高单腿下蹲（单侧，不交替）	8次/侧	p.98
深蹲跳	10次	p.128
前臂平板支撑	30秒	p.45
休息45秒		
每轮重复2次，一共3轮		

供能系统结尾动作：以规定的重复次数或秒数连续进行练习，休息时间以及轮数已经给出

杠铃翻举	8次	p.136
俄罗斯壶铃摇摆	10次	p.138
跳箱	10次	p.122
休息30秒		
每轮重复3次，一共4轮		

第3天

有氧

第4天 上肢——拉

你的肩部在上半身推和拉的动作模式中都十分重要。今天的核心组和超级组特别注重的是肩部拉的能力和稳定性。

核心组

以较轻的重量完成2组作为热身，然后以富有挑战性的重量开始3组正式组的练习（最后的2次重复会非常困难）

杠铃俯身划船（轻重量）	6次	p.66
休息60秒		
重复1次，共2组热身动作		
杠铃俯身划船（大重量）	8~10次	p.66
至多休息2分钟		
每组重复2次，一共3组		

超级组1

以规定的重复次数或秒数连续进行练习，休息时间以及组数已经给出

分腿支撑单臂划船（单侧，不交替）	8~10次/侧	p.62
站姿药球下砸	12次	p.144
休息45秒		
每组重复2次，一共3组		

超级组2

站姿双侧哑铃肱二头肌弯举	10次	p.88
慢速交叉式俯卧登山（双侧交替）	20次	p.58
休息45秒		
每组重复2次，一共3组		

超级组3

哑铃提拉	10次	p.68
哑铃俯卧划船（双侧交替）	20次	p.64
休息45秒		
每组重复2次，一共3组		

循环

以规定的重复次数或秒数连续进行练习，休息时间以及轮数已经给出

反手抓握引体向上	10次	p.81
平板壶铃横拉	20次	p.48
波比跳	10次	p.118
休息30秒		
每轮重复3次，一共4轮		

第5天 下肢——蹲

把弓步尽量做得标准，在深蹲中做得更深一点，让今天的锻炼更有价值。使用重物，这样每组练习都富有挑战且能让你感到酸爽。

核心组

以较轻的重量完成2组作为热身，然后以富有挑战性的重量开始3组正式组的练习（最后的2次重复会非常困难）

杠铃颈前深蹲（轻重量）	6次	p.90
休息60秒		
重复1次，共2组热身动作		
杠铃颈前深蹲（大重量）	8~10次	p.90
至多休息2分钟		
每组重复2次，一共3组		

超级组1

以规定的重复次数或秒数连续进行练习，休息时间以及组数已经给出

壶铃单腿硬拉（单侧，不交替）	10次/侧	p.116
哑铃罗马尼亚硬拉	10次	p.114
休息45秒		
每组重复2次，一共3组		

超级组2

哑铃弓步走	20步	p.104
弓步跳	20次	p.124
休息45秒		
每组重复2次，一共3组		

超级组3

哑铃相扑深蹲	12次	p.94
深蹲跳	10次	p.128
休息45秒		
每组重复2次，一共3组		

供能系统结尾动作

递增组：每重复一轮都比上一轮增加2次重复

杠铃深蹲推举	2(4，6，8，10)次	p.148
跳箱	2(4，6，8，10)次	p.122
无间歇时间		
每轮重复4次，一共5轮		

第6天

休息

第7天

有氧

20

9~12周

这4周的训练内容非常多——更复杂的力量举动作，艰难的有氧循环，以及对目标肌群的分离式训练。你进入了一个高级模式的最后阶段，你应该为自己感到骄傲，但切记不要让你的强度有所下降。4周中重复以下的周计划，具体的项目在接下来的内容中。每次训练都要记得加上热身与整理活动（p.26~29），当整个4周的计划结束之后，重复三级，使用更重的重量，做更多样、更困难的练习。

周计划	
第1天	上肢——推
第2天	下肢——硬拉
第3天	有氧
第4天	上肢——拉
第5天	下肢——蹲
第6天	休息
第7天	有氧

休息日：
在这一阶段，每周你会有1个休息日。你可以在一周中灵活地安排休息日来调整你的计划。记住一点，在训练中保持自律，对自己严格要求，休息才更有价值。休息日不意味着不运动，它只是不需要进行力量训练以及激烈的有氧运动的日子。你可以选择去上瑜伽课或者去散步，总之保持运动就好！

有氧日：
在其中一天里，你需要使用高强度间歇训练的形式进行训练，它能在短时间内消耗大量的热量。高强度间歇训练就是运用高强度的运动进行训练（比如冲刺）而在休息的时候进行低强度的运动（比如慢跑或走路）进行恢复，如此不断交替，循环往复。开始时可以在30秒的训练后进行60秒的休息，渐渐地可以进阶到30秒训练后进行30秒的间歇。你还可以在间歇中加入一些自重训练。例如在跑步机上跑了5分钟之后，可以进行30秒的平板支撑或者10个自重深蹲。
而在其他的有氧日中，你可以使用一些器械（例如划船机或者功率自行车），或是去户外慢跑。始终保持适度的强度和步幅节奏，并尽量全程都能保持住。

三级

第1天 上肢——推

今天的杠铃推举和壶铃翻举会让你感到自己异常强大和有把握。塔巴塔训练将帮助你快速燃烧脂肪，使你的心率飙升。

核心组：以较轻的重量完成2组作为热身，然后以富有挑战性的重量开始3组正式组的练习（最后的2次重复会非常困难）

杠铃卧推（轻重量）	5次	p.70
休息60秒		
重复1次，共2组热身动作		
杠铃卧推（大重量）	5次	p.70
至多休息2分钟		
每组重复2次，一共3组		

循环1：以规定的重复次数或秒数连续进行练习，休息时间以及轮数已经给出

杠铃借力推举	15次	p.130
哑铃提拉	15次	p.68
仰卧哑铃飞鸟	12次	p.76
休息45秒		
每轮重复2次，一共3轮		

循环2

哑铃俯卧划船（双侧交替）	16次	p.64
单臂壶铃翻举（单侧，不交替）	10次/侧	p.134
侧平板支撑手臂抱胸（单侧，不交替）	10次/侧	p.52
休息45秒		
每轮重复2次，一共3轮		

循环3

站姿哑铃阿诺德推举	15次	p.75
增强式俯卧撑	10次	p.120
平板壶铃横拉	20次	p.48
休息45秒		
每轮重复2次，一共3轮		

供能系统结尾动作：塔巴塔训练法：每轮动作之间间歇10秒，一共进行4分钟的练习（大约能进行8轮练习）

对墙扔球	20秒	p.142
V字两头起	20秒	p.36
间歇10秒		
一共进行4分钟的训练		

第2天 下肢——硬拉

今天的训练是关于臀肌的。这是一个大型肌肉群，所以要更卖力地训练。结尾动作包括持续性高强度训练，所以会在完成后很长一段时间内持续燃烧热量。

核心组：以较轻的重量完成2组作为热身，然后以富有挑战性的重量开始5组正式组的练习（最后的2次重复会非常困难）

屈腿硬拉（轻重量）	3~5次	p.112
休息60秒		
重复1次，共2组热身动作		
屈腿硬拉（大重量）	5次	p.112
至多休息2分钟		
每组重复4次，一共5组		

循环1：以规定的重复次数或秒数连续进行练习，休息时间以及轮数已经给出

后足抬高单腿下蹲（单侧，不交替）	10次/侧	p.98
哑铃侧向弓步蹲（单侧，不交替）	12次/侧	p.108
快速俯卧登山跑	30秒	p.56
休息45秒		
每轮重复2次，一共3轮		

循环2

壶铃单腿硬拉（单侧，不交替）	13次/侧	p.116
杠铃臀桥	15次	p.102
哑铃罗马尼亚硬拉	15次	p.114
深蹲跳	30秒	p.128
休息45秒		
每轮重复2次，一共3轮		

供能系统结尾动作：递减组：每重复一轮都比上一轮减少6次重复

跳箱	21 (15，9)次	p.122
俄罗斯壶铃摇摆	21 (15，9)次	p.138
无间歇时间		
每轮重复2次，一共3轮		

第3天

有氧

第4天 上肢——拉

对于今天的主要动作，要注重正确的动作模式以及流畅的动作控制。挑战你自己，但不要选择过重的重量，否则你会面临因不恰当的技术动作而受伤的风险。

核心组	以较轻的重量完成2组作为热身，然后以富有挑战性的重量开始5组正式组的练习（最后的2次重复会非常困难）		
	杠铃俯身划船（轻重量）	5次	p.66
	休息60秒		
	重复1次，共2组热身动作		
	杠铃俯身划船（大重量）	5次	p.66
	至多休息2分钟		
	每组重复4次，一共5组		

循环1	以规定的重复次数或秒数连续进行练习，休息时间以及轮数已经给出		
	分腿支撑单臂划船（单侧，不交替）	15次/侧	p.62
	站姿药球下砸	12次	p.144
	侧平板支撑髋部下沉（单侧，不交替）	10次/侧	p.50
	休息45秒		
	每轮重复2次，一共3轮		

循环2	双侧壶铃推举	15次	p.126
	单臂哑铃抓举（单侧，不交替）	10次/侧	p.132
	跪式俯身吊环前伸	12次	p.42
	休息45秒		
	每轮重复2次，一共3轮		

供能系统结尾动作	以规定的重复次数或秒数连续进行练习，休息时间以及轮数已经给出		
	哑铃俯卧划船（双侧交替）	20次	p.64
	引体向上	10次	p.80
	增强式俯卧撑	10次	p.120
	波比跳	10次	p.118
	休息30秒		
	每轮重复4次，一共5轮		

第5天 下肢——蹲

因为这是你最后一天的训练，所以要比以前更努力，负担更重的重量。3个循环训练将会提高你腿部和臀部的力量，同时燃烧脂肪。

核心组	以较轻的重量完成2组作为热身，然后以富有挑战性的重量开始5组正式组的练习（最后的2次重复会非常困难）		
	杠铃颈后深蹲（轻重量）	3~5次	p.92
	休息60秒		
	重复1次，共2组热身动作		
	杠铃颈后深蹲（大重量）	5次	p.92
	至多休息2分钟		
	每组重复4次，一共5组		

循环1	以规定的重复次数或秒数连续进行练习，休息时间以及轮数已经给出		
	后足抬高单腿下蹲（单侧，不交替）	8次/侧	p.98
	V字两头起	10次	p.36
	前臂平板支撑	30秒	p.45
	休息45秒		
	每轮重复2次，一共3轮		

循环2	哑铃相扑深蹲	10次	p.94
	哑铃弓步走	20步	p.104
	慢速交叉式俯卧登山（双侧交替）	20次	p.58
	休息45秒		
	每轮重复2次，一共3轮		

循环3	杠铃翻举	8次	p.136
	俄罗斯壶铃摇摆	10次	p.138
	深蹲跳	10次	p.128
	休息45秒		
	每轮重复3次，一共4轮		

供能系统结尾动作	6分钟每分钟间隔式强化训练：用一块秒表计时，将6分钟分成6轮，每轮时长1分钟。在每分钟开始的时候按规定的重复次数进行训练，然后在此分钟的剩余时间休息		
	哑铃深蹲推举	10次	p.146
	波比跳	6次	p.118
	无间歇时间		
	一共进行6分钟的训练		

第6天

休息

第7天

有氧

豫著许可备字-2019-A-0039

图书在版编目（CIP）数据

DK女子健身训练 / (美) 亚历克斯・希尔芙-费根著 ；王雪强，张鑫主译. —郑州：河南科学技术出版社，2020. 10

ISBN 978-7-5349-9928-4

Ⅰ. ①D… Ⅱ. ①亚… ②王… ③张… Ⅲ. ①女性-健身运动 Ⅳ. ①G883

中国版本图书馆CIP数据核字（2020）第082344号

出版发行：河南科学技术出版社
地址：郑州市郑东新区祥盛街27号 邮编：450016
电话：（0371）65737028 65788613
网址：www.hnstp.cn
策划编辑：刘 欣
责任编辑：刘淑文
责任校对：牛艳春
封面设计：张 伟
责任印制：张艳芳
印 刷：鸿博昊天科技有限公司
经 销：全国新华书店
开 本：812 mm × 1 466 mm 1/24 印张：8 字数：270千字
版 次：2020年10月第1版 2020年10月第1次印刷
定 价：88.00元

ROGUE

STEP-BY-STEP
cakes
风靡全球的
欧式蛋糕烘焙教科书

STEP-BY-STEP
bread
风靡全球的
欧式面包烘焙教科书

SUSHI
寿司全书
品鉴与制作
TASTE AND TECHNIQUE

花艺全书
FLOWER
-ARRANGING-

PAPER
CRAFT
纸艺全书

世界名犬
驯养百科
THE COMPLETE
DOG
BREED
BOOK

世界名猫
驯养百科
THE COMPLETE
CAT BREED
BOOK

DK
THE NEEDLECRAFT BOOK
针艺手作大百科
棒针编织 · 刺绣 · 绒绣 · 绗缝 · 钩针编织 · 贴布 · 拼布
针艺手作大百科

畅销10年 最新版
DK
缝纫技法大百科
the SEWING BOOK
缝纫工具 布料 纸样 技法 作品制作
1600多幅彩图 300多种缝纫技法详细介绍
全球销量近50万册
缝纫技法大百科 SEWING BOOK

DK
英国皇家园艺学会
THE ROYAL HORTICULTURAL SOCIETY
最新版
世界园林植物花卉百科全书
8 000多种植物 4 250幅彩图 本书全球销量已超200万册

DK
DK
蜜蜂全书
THE BEE BOOK
发现蜜蜂的奇迹以及如何为人类的未来保护蜜蜂
蜜蜂全书 THE BEE BOOK

DK
DK
男子健身瑜伽
YOGA FOR MEN
增强体能 提高柔韧性 塑造健美身材
DK 男子健身瑜伽 YOGA FOR MEN

DK
GET STRONG FOR WOMEN
DK女子力量训练
举起重物 努力训练 检验结果
DK 女子力量训练 GET STRONG FOR WOMEN